1417: KONZIL VON KONSTANZ

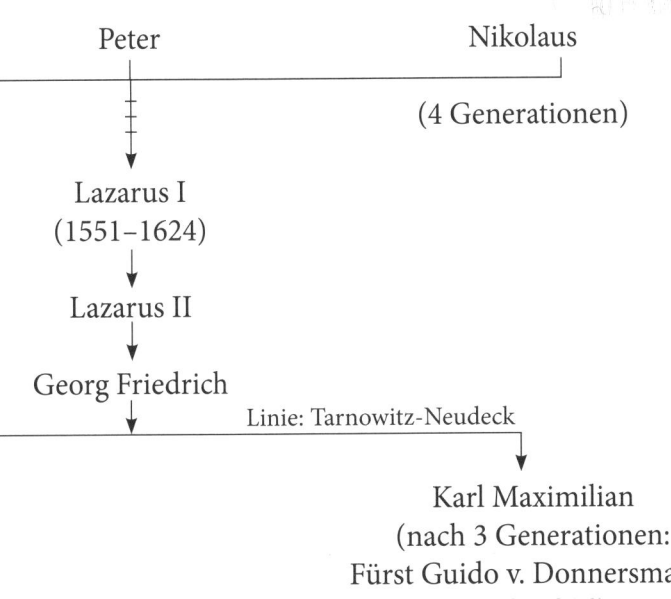

Peter — Nikolaus

(4 Generationen)

Lazarus I
(1551–1624)

Lazarus II

Georg Friedrich

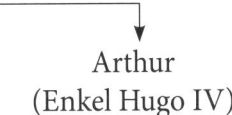

Linie: Tarnowitz-Neudeck

Karl Maximilian
(nach 3 Generationen:
Fürst Guido v. Donnersmarck
1830–1916)

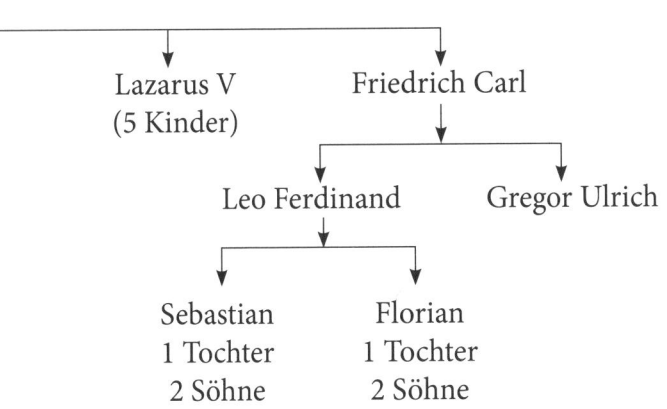

Arthur
(Enkel Hugo IV)

Lazarus V
(5 Kinder)

Friedrich Carl

Leo Ferdinand

Gregor Ulrich

Sebastian
1 Tochter
2 Söhne

Florian
1 Tochter
2 Söhne

Gregor Ulrich Henckel Donnersmarck

Der Spediteur Gottes

EIN LEBEN ZWISCHEN
WELT UND KLOSTER

Aufgeschrieben von
Maria-Christine Leitgeb

ueberreuter

Gedruckt mit Erlaubnis des kirchlichen Oberen vom 3. September 2018.

1. Auflage 2018
© Carl Ueberreuter Verlag, Wien 2018
ISBN 978-3-8000-7706-9

Covergestaltung: Saskia Beck, s-stern.com
Coverfoto: © Susanne Feischl
Lektorat: Arnold Klaffenböck
Text aufgeschrieben von: Marie-Christine Leitgeb
Satz: Hannes Strobl, Satz·Grafik·Design, Neunkirchen
Druck und Bindung: Finidr s. r. o.

www.ueberreuter-sachbuch.at

Inhalt

Vorwort von Abt
Dr. Maximilian Heim OCist.

„Noblesse oblige" – „Adel verpflichtet". Abt Gregor ist dafür ein Beispiel, wenn er geschichtsbewusst auf seine Familie hinweist, deren Name und Wappen zum ersten Mal vor mehr als 600 Jahren urkundlich beim Konzil von Konstanz genannt wurden; eine Adelsfamilie, die ihren Ursprung in der früher oberungarischen (heute slowakischen) Landschaft Zips hat und die durch Handel in Österreich und später durch den Bergbau in Oberschlesien zu großem Ansehen gelangte. Auch in der Gegenwart leuchtet der Name Henckel von Donnersmarck nicht zuletzt durch den 67. Abt des Stiftes Heiligenkreuz und seinen Neffen Florian. Letzterer hat für seinen preisgekrönten Film „Das Leben der Anderen", dessen Drehbuch er im Stift Heiligenkreuz schrieb, sogar den *Oscar* erhalten. Auch sein jüngster Spielfilm „Werk ohne Autor" ist oscarverdächtig. Wie der Onkel, so findet auch der Neffe aus einem tiefen Geschichtsbewusstsein Antworten für das Leben.

Adel verpflichtet – auch das gilt für eine Noblesse ganz anderer Art, die allen, die sich zu Christus bekennen, durch die Taufe priesterliche, prophetische und königliche Würde verleiht. Als das Kind Ulrich Henckel von Donnersmarck in schwerster Zeit 1943 geboren wurde und am 11. Februar des gleichen Jahres die Taufe empfing, konnte die Familie nur durch das Licht des christlichen Glaubens in dunkler Zeit auf eine gute Zukunft hoffen. Vertrieben aus der Heimat Schlesien, wuchs Abt Gregor – nach einem kurzen fränkischen „Intermezzo" – in Kärnten auf. Nach dem erfolgreichen Studienabschluss als Diplomkaufmann machte er Karriere in der internationalen Speditionsfirma Schenker und wurde als Geschäftsführer nach Barcelona berufen. Sicher hätte er selber nicht vermutet, dass er 56 Jahre nach seiner Taufe am selbigen Jahrestag, den 11. Februar, zum 67. Abt des Stiftes Heiligenkreuz gewählt werden würde. Jetzt verlief sein Leben zwischen Welt und Kloster. Was er als Manager gelernt hatte, konnte er als Abt gut gebrauchen. Er führte das Kloster zu einer Blüte, die dem Konvent ein junges Gesicht gab und dazu internationale Weite. Höhepunkte seiner Amtszeit waren die Erhebung der Phil.-Theol. Hochschule Heiligenkreuz zur Hochschule Päpstlichen Rechts durch Papst Benedikt XVI. im Jahr 2007 und der Papstbesuch von Benedikt XVI. am 9. September des gleichen Jahres. Dieses einmalige historische Ereignis ist zweifellos der Höhepunkt der fast 900-jährigen Geschichte unseres Klosters im Wienerwald. Der Spediteur Gottes, ein Leben zwischen Welt und Kloster – dazu gehörte der CD-Welterfolg „Chant – Music for Paradise".

Nach seiner Emeritierung als Abt von Heiligenkreuz bleibt Abt Gregor ein geschichtsbewusster Manager des Glaubens, der Brücken bauen kann zwischen Kirche, Politik und Wirtschaft, ein viel gefragter Vertreter der Kirche, der in schwieriger Zeit klare Orientierung gibt, gewürzt mit spritzigem Humor im demütigen Bewusstsein, dass Jesus Christus „der Weg, die Wahrheit und das Leben ist". Indem Abt Gregor diese Botschaft transportiert, leistet er einen bleibenden Dienst für die Menschen als Spediteur Gottes, der ihnen nicht weniger vermittelt als das Evangelium: dass im Kreuz Heil, Auferstehung und Leben zu finden sind.

Dr. Maximilian Heim OCist.
68. Abt des Zisterzienserstifts Heiligenkreuz

Prolog

Was bewegt einen erfolgreichen Manager, der sich auf dem internationalen Parkett verdient gemacht und ein sorgenfreies, selbstbestimmtes Leben geführt hat, dazu, alles Bisherige über Bord zu werfen und in ein Kloster einzutreten? Wie oft bin ich das in meinem langen Leben gefragt worden. War es eine Sinnkrise, eine unglückliche Liebe, eine göttliche Eingebung oder Erleuchtung à la Augustinus, unserem Kirchenvater, die mich dazu bewogen hat? All dies muss ich verneinen.

In einer Zeit, in der – zumindest in Europa – Klöster reihenweise geschlossen werden und in einem Land wie Österreich nur noch jeder zehnte Katholik regelmäßig die Sonntagsmesse besucht, sich die Zahl der Kirchgänger also halbiert hat, gab es jedoch Handlungsbedarf. Es galt, ein Zeichen zu setzen, ein Zeichen der Solidarität mit der Kirche und dem Papsttum. Es galt, unseren Glauben wieder attraktiver zu machen für all jene Menschen, die wie ich den Glaubensverlust rundherum als Manko empfanden, ihr Glück aber nicht in Gott, sondern in esoterischen Heilslehren oder weltlichem Hedonismus suchten.

Als Abt von Stift Heiligenkreuz hatte ich die Gelegenheit dazu, der allgemeinen Tendenz entgegenzuwirken. Als ich in das Kloster eintrat, bestand die Gemeinschaft aus 53 Mitbrüdern, am Ende meiner Amtszeit waren es 84. Stift Heiligenkreuz entwickelte sich nach und nach zu einem Ort, an dem – ganz gegen die allgemeine Tendenz – unsere Religion, das bei Weitem beste Produkt im Angebot, ihre Wirkkraft wieder entfalten und Menschen begeistern konnte – und weiterhin kann.

Ich bin kein Heiliger, ich bin ein Spediteur – und das auf zweifache Weise: Bei *Schenker & Co* kümmerte ich mich darum, dass weltliche Waren von ihrem Produktionsort an den

Abnehmer kamen. Als Geistlicher habe ich mich dann darum bemüht, dass die Ware „Glauben", die in himmlischen Gefilden ihren Ursprung hat, ihren Weg auf die Erde findet. Der weltliche Spediteur ist unter anderem auch für die Verpackung der Ware, die er transportieren lässt, zuständig, und im Grunde ist das ja der geistliche Spediteur auch, denn er präsentiert seine Glaubensinhalte in einer Form, die ansprechend ist. Das Handeln des Priesters als Seelsorger und Spender von Sakramenten ist eine Art des Dazwischentretens, nicht um zu trennen, sondern um den Kontakt überhaupt erst herzustellen. Er ist letztendlich ein Vermittler geistiger Inhalte oder, anders gesagt, ein himmlischer Spediteur. Das ist es wohl, was ich im Eigentlichen bin.

SURREXIT DOMINUS VERE

Am 1 August 1417 hat Kaiser Sigismund als König von Ungarn den Brüdern Peter Jakob und Nikolaus Henkel de Quintoforo aliter von Donnersmarck in Konstanz während des Konzils das Wappen verliehen, das unsere Familie bis heute führt. Dieses Datum ist der Beginn der Geschichte unserer Familie.

In Anwesenheit vieler Mitglieder unserer Familie und verbunden in Dankbarkeit gegenüber Gott, durfte ich 600 Jahre danach, am 10. September 2017, im Konstanzer Münster ein feierliches Pontifikalamt zelebrieren.

Als Abt habe ich dem Wappen eine Devise beigegeben. Diese will das Wappen theologisch deuten und lautet: „Surrexit Dominus vere – Der Herr ist wahrhaft auferstanden" (Lukas 24, 34).
So können die drei Rosen die drei Tage der Grabesruhe Christi darstellen und der wachsende Löwe ist der auferstehende Herr, der in der Apokalypse (5,5) „der Löwe aus dem Stamme Juda" genannt wird.

+Gregor Henckel von Donnersmarck OCist
Altabt von Heiligenkreuz

Konstanz 1417 & 2017

September 2017: Ich stehe am Altar des Münsters in Konstanz, um das Hochamt zum Patronatsfest Mariä Geburt zu feiern. Der Altar steht deutlich erhöht, den Gläubigen zugewandt. Das Münster ist bis auf den letzten Platz gefüllt. Hinter mir befinden sich der Chor und das Orchester. Das *Kyrie* aus der Krönungsmesse von Wolfgang Amadeus Mozart erklingt.

Vor exakt 600 Jahren hat hier an derselben Stelle der Kaiser Sigismund in seiner Eigenschaft als König von Ungarn drei Rittern ein Wappen verliehen und sie in den Adelsstand erhoben. Alle drei stammten sie aus einer Ortschaft aus der heutigen Slowakei, damals Oberungarn, die unter vier Namen bekannt war, die mehr oder weniger alle dasselbe bedeuteten: Markttag am fünften Tag der Woche, also am Donnerstag. So hieß die Ortschaft auf Lateinisch *Quintoforum*, auf Slowakisch *Spišský Štvrtok* (Zipser Donnerstag), auf Ungarisch *Csütörtökhely* und auf Deutsch *Donnersmark*. Die Namen der Ritter? Peter, Jakob und Nikolaus Henkel. Mit ihnen beginnt die Geschichte der Familie Henckel von Donnersmarck, die Geschichte meiner Familie, die zugleich auch ein Stück deutsche und österreichische Geschichte ist.

Der Grund für die Erhebung jener drei Ritter in den Adelsstand liegt im Dunklen. Haben sie sich verdient gemacht bei dem Konzil, das Konstanz damals zum glanzvollen Mittelpunkt einer schwankenden Kirche gemacht hat? Wir wissen es nicht.

Im *Konzil von Konstanz* (1414–1418), greife ich in meiner Predigt auf, hat man sich die Aufgabe gestellt, das *Große Abendländische Schisma*, die Kirchenspaltung, zu beenden. Die Einheit der Kirche wurde als *Causa unionis* verhandelt und so wiederhergestellt. Der Erfolg des Konzils war enden wollend, gebe ich zu bedenken, zieht man in Betracht, dass exakt hundert Jahre später, im Oktober 1517, Martin Luther der Legende nach seine *95 Thesen* an der Schlosskirche von Wittenberg angeschlagen hat – ein Ereignis, mit dem die Kirchenspaltung begonnen hat, dann bekanntlich irreversibel geworden ist und ihren Lauf genommen hat.

Die konfessionelle Spaltung zieht sich auch mitten durch meine große Familie. Im Chorgestühl des Konstanzer Münsters hinter mir sitzen einige ausgewählte Mitglieder der Henckel von Donnersmarck, in den ersten Bankreihen im Kirchenschiff noch weit mehr als hundert andere. Beim Friedensgruß ergibt es sich zufällig, dass ich einerseits dem evangelischen Fürsten Guidotto von Donnersmarck und andererseits meiner katholischen Schwägerin Anna Maria den Gruß entbiete. Wir haben als Kinder des *Zweiten Vatikanischen Konzils* gelernt, die Ökumene zu leben.

Unweigerlich muss ich an meine Eltern denken, an meine Mutter, die selbst vom evangelischen Glauben zum katholischen konvertiert ist, und an meinen Vater, den Doktor der scholastischen Philosophie, der meinen Bruder und mich früh schon und mit aller Ernsthaftigkeit mit den Inhalten unseres Glaubens vertraut gemacht hat. Wenn ich von mir erzählen soll, wird es sich nicht vermeiden lassen, dass ich auch über die Henckel von Donnersmarck erzähle …

Dem Familientreffen in Konstanz im September 2017 – 600 Jahre nach dem Beginn der Familiengeschichte – ging eine lange Vorbereitungszeit meinerseits voraus. Ich war damals Abt im Zisterzienserstift Heiligenkreuz und fand, dass wir uns dieses Jubiläum nicht entgehen lassen sollten. Die große Familie ist über die weite Welt verstreut und in mehrere Linien aufgespalten, Teile von ihr leben in Deutschland und Österreich, andere in der Schweiz und den Vereinigten Staaten von Amerika. Etwa acht Jahre zuvor hatte ich also einige meiner Vettern und Neffen zu einer Besprechung zu mir ins Stift eingeladen und musste zu meinem großen Erstaunen feststellen, dass ich auf ein eher negatives Echo stieß. Unter anderem wandte man ein, dass uns womöglich Mitglieder anderer, viel älterer Familien wegen dieses „kleinen Jubiläums" verspotten würden. Hin und her ging die Argumentation, bis ich schließlich wieder das Wort ergriff und beinahe drohend sagte: „Ich jedenfalls werde im Sommer 2017 im Münster von Konstanz ein Pontifikalhochamt feiern. Ob ihr kommt oder nicht, ist mir egal!"

Mein dezidiertes Auftreten versetzte meine Verwandten in Erstaunen und bewirkte schlussendlich einen Stimmungsumschwung. Nach und nach sagten mir alle ihr Kommen zu und mein Neffe, Andreas Graf Henckel von Donnersmarck, versicherte mir, die Hauptlast der Organisation des Festes auf sich zu nehmen.

Den Höhepunkt des Jubiläums bildete das Hochamt, jedoch auch die Veranstaltungen rundherum waren ein großer Erfolg. Sie boten uns vor allem auch die Gelegenheit, einander kennenzulernen. Einige Mitglieder meiner Familie hatten sich bis dato nicht gekannt. Nach einem historischen Vortrag kam es zu einer heiteren Begebenheit, die von der Atmosphäre innerhalb meiner großen Familie spricht, deren Linien – in der Hauptsache sind es zwei – nicht derselben Konfession angehören. Vor der Reformation war die gesamte Familie natürlich katholisch, danach aber evangelisch, erst später bekannte sich eine Linie wieder zum katholischen Glauben. Darüber, wie sich das ergeben hatte, erzählte Guidotto Fürst von Donnersmarck eine Episode, von der auch ich erstmals im Zuge dieses Familientreffens in Konstanz hörte. Vorausschicken muss ich vielleicht, dass die Rekatholisierung im Grunde vom österreichischen Kaiser Ferdinand II., dem meine Vorfahren die Besitzungen in Schlesien ja verdankten und dem es ein Dorn im Auge war, dass sie evangelisch waren, eingeleitet wurde. In einer für Österreich nicht ganz untypischen Vorgehensweise wurden also am Wiener Hof Ehen zwischen den Henckels und katholischen Frauen arrangiert. In Konstanz nun fragte uns mein Vetter, Guidotto Henckel Fürst von Donnersmarck, ob wir Katholiken denn überhaupt wüssten, weshalb wir wieder katholisch seien, und erzählte folgende Geschichte: Der letzte evangelische Henckel der älteren Linie sei auf dem Sterbebett gelegen und habe seiner wohlgemerkt katholischen Frau das Versprechen abgerungen, die Kinder evangelisch zu erziehen. Sie habe ihm das auch zugesagt. Nach seinem Tod jedoch habe sie ihren Beichtvater, einen Jesuiten, aufgesucht und um Rat gebeten, was nun zu tun sei. Schließlich sei es doch sicher ein schweres Verbrechen, das Versprechen, das sie ihrem sterbenden Mann gegeben hätte, zu brechen. Daraufhin habe ihr der Jesuit zwar zugestimmt, sie aber darauf hingewiesen, dass es noch ein viel schwereres Verbrechen wäre, die Kinder ihrem Irrglauben zu überlassen, was ihr durchaus eingeleuchtet habe. Kaum war Fürst Guidotto mit seiner Geschichte zu einem Ende gekommen, erhob sich mein katholischer Vetter Winfried und meinte: „Ich muss schon sagen, ich finde es sehr merkwürdig, dass unser protestantischer Vetter so genau darüber Bescheid weiß, was Katholiken unter dem Siegel des Beichtgeheimnisses besprechen." Natürlich lachten wir alle herzlich.

Die Episode ist ein Dokument für den katholisch-evangelischen Balanceakt in meiner Familie, der seine Wurzeln in der bewegten Vergangenheit der Henckels hat.

Die Familie
Henckel von Donnersmarck

Die Ursache dafür, dass es zwei Hauptlinien meiner Familie – eine katholische und eine evangelische – gibt, liegt tief in der Historie jenes Landes, in dem sie so lange beheimatet waren, verwurzelt. Meine Familie war in Schlesien ansässig, einer Region, die seit jeher, also auch bereits vor dem Zweiten Weltkrieg, in dessen Wirren ich das Licht der Welt erblickte, eine abwechslungsreiche Geschichte gehabt hatte. Schon weit vor der Erhebung in den Adelsstand meiner Vorfahren Peter, Jakob und Nikolaus in Konstanz im Jahr 1417 beginnt die Geschichte Schlesiens, die nachhaltige Auswirkungen auf die – vor allem konfessionelle – Ausrichtung der unterschiedlichen Zweige der Familie Henckel von Donnersmarck haben sollte.

Schlesien, das in späteren Jahrhunderten im Spannungsfeld zwischen Protestantismus und Katholizismus, zwischen Reformation und Gegenreformation liegen sollte, war seit dem späten 10. Jahrhundert Gegenstand zahlreicher kriegerischer Auseinandersetzungen zwischen dem Königreich Polen und dem Herzogtum Böhmen.

Mehrere Jahrhunderte dauerte es und zahlreiche bewaffnete Konflikte mussten bestritten werden, bis 1137 eine vorläufig dauerhaft erscheinende Grenzziehung Polens mit dem Landesteil Schlesien und Böhmen vorgenommen werden konnte.

Das Jahr 1241 markiert einen entscheidenden Einschnitt in der Geschichte Schlesiens, der auch für meine Familie, die erst mehrere Jahrhunderte später auf dem Tableau der schlesischen Geschichte erschien, eine wichtige Auswirkung hatte. In diesem Jahr fielen die berittenen Mongolenkrieger in Schlesien ein und verwüsteten weite Teile des Landes. Etwa vier Fünftel der damals überwiegend slawischen Bevölkerung wurden getötet und die Wirtschaft des Landes nachhaltig geschädigt. Um das Herzogtum wirtschaftlich zu sanieren, initiierten die *Piasten*, Nachkommen des ersten Herzogs von Schlesien Władysław II., die deutsche Ostsiedelung, eine Neubesiedelung des Gebiets mit Kolonisten aus dem Heiligen Römischen Reich. Die Zugewanderten gründeten etwa hundert neue Städte und 1200 Dörfer nach deutschem Recht sowie zahlreiche Kirchen und Hospitäler, wobei die Zisterzienser übrigens eine große Rolle spielten. Infolge der Neubesiedelung erlebte Schlesien einen wirtschaftlichen Höhepunkt. Das Land wurde zu einem zentralen Kreuzungspunkt der Nord-Süd- und der Ost-West-Verbindung.

Ab dem Jahr 1249 zerfiel das Herzogtum Schlesien jedoch wiederum in mehrere kleine, zum Teil miteinander verfeindete Herzogtümer. Die damit einhergehende Schwächung der schlesischen Macht ließ den alten Konflikt zwischen Polen und Böhmen erneut aufleben: Beide wollten die inzwischen so gut wie unabhängigen schlesischen Herzogtümer unter ihre jeweilige Gewalt bringen. Doch diesmal unterlag Polen. Im Jahre 1289 nahm der schlesische Herzog Kasimir II. von Cosel-Beuthen freiwillig die böhmische Lehenshoheit an und damit begann die Annäherung Schlesiens an das mittlerweile zum Königreich gewordene Böhmen. Im Verlauf des 14. Jahrhunderts fielen die schlesischen Teilherzogtümer nach und nach an Böhmen. Dadurch, dass sie der böhmischen Krone unterstanden, wurde Schlesien mittelbar ein Teil des Heiligen Römischen Reiches.

Im 14. und frühen 15. Jahrhundert erlebte die bisher von territorialen Unruhen erschütterte Region eine größtenteils friedvolle Periode und konnte ihre wirtschaftliche Macht stärken. Durch die deutsche Ostsiedelung und die Zugehörigkeit zu Böhmen war Schlesien überwiegend katholisch und deutsch geprägt. Eine Tatsache, die dem Herzogtum in der ersten Hälfte des 15. Jahrhunderts zum Verhängnis werden sollte. Im Jahr 1415 löste die Hinrichtung des böhmischen Theologen und Reformators Jan Hus auf dem Konzil von Konstanz nämlich die Hussitenkriege aus, eine Reihe von Schlachten und kriegerischen Auseinandersetzungen zwischen 1419 und 1436, die insbesondere das schlesische Nebenland Böhmens hart trafen. Zahlreiche Menschen starben, Siedlungen wurden verwüstet und der darauffolgende wirtschaftliche Einbruch führte zu einer neuerlichen slawischen Zuwanderung.

Erst mehr als 30 Jahre später, als der ungarische König Matthias Corvinus auf Anraten des Papstes Paul II., dem das mittlerweile weitgehend hussitische Böhmen ein Dorn im Auge war, Mähren, die beiden Lausitzen und Schlesien eroberte und sich 1471 zum böhmischen König krönen ließ, besserte sich die Lage. Matthias Corvinus setzte einen allgemeinen Landfrieden durch, reorganisierte die Landesverwaltung und richtete das Amt des königlichen Oberlandeshauptmannes ein, der als Statthalter des böhmischen Königs in Schlesien fungierte. Traditionell hatte dieses Amt der Bischof von Breslau inne.

Gemäß dem Olmützer Frieden, der 1479 zwischen Corvinus und Ladislaus II. von Böhmen geschlossen worden war und den bereits ein Jahrzehnt andauernden böhmisch-ungarischen Konflikt beendet hatte, fiel Schlesien nach dem Tod Corvinus' wieder als Lehen dem böhmischen Königreich zu.

Ladislaus als König von Böhmen und Ungarn begann mit einer habsburgfreundlichen Politik, die die Grundlage des Aufstiegs der Habsburgerdynastie in Ostmitteleuropa bilden sollte: Er veranlasste die Hochzeit seiner Tochter Anna mit Ferdinand I., der nicht nur der Enkel des Habsburger Kaisers Maximilian I., sondern von 1558 bis 1564 selbst Kaiser des Heiligen Römischen Reiches war. Außerdem verheiratete er seinen Sohn Ludwig (später Ludwig II.) mit der Habsburgerin Maria von Österreich. Am Hof Ludwigs II. sollte die erste Verbindung meiner Familie mit Schlesien zustande kommen: Johannes Henckel (1481–1539) lebte dort als Hofkaplan und avancierte nach dem Tod Ludwigs II. zum Beichtvater und engen Vertrauten von dessen Witwe Maria von Österreich. Johannes, ein Vertreter humanistischen Gedankenguts und Freund des bedeutenden (katholischen) Theologen und Gelehrten Erasmus von Rotterdam, war katholischer Priester, zeigte sich aber den Ideen der Protestanten, im Besonderen denen Martin Luthers und Philipp Melanchthons, nicht abgeneigt. In seinem Umfeld am Hof der Witwe Ludwigs II. entstand ein protestantisches und tolerantes Denkklima, das jedoch den amtierenden römischen Kaiser Karl V., den Bruder Marias, zunehmend störte. Als er 1530 beschloss, seine Schwester Maria als Statthalterin in die damals noch katholischen Niederlande zu schicken, konnte er es nicht riskieren, dass dort dem Protestantismus durch die liberale Geisteshaltung Marias und ihres Beichtvaters Tür und Tor geöffnet würde. Maria wurde alleine in die Niederlande geschickt, ihr enger Vertrauter Johannes Henckel aber nach Breslau verwiesen, wo er im Jahre 1539 – als katholischer Priester natürlich kinderlos – verstarb. Mit ihm endet das erste Aufflackern der Familie Henckel von Donnersmarck in Schlesien, das sich jedoch knapp ein Jahrhundert später zu einem Leuchtfeuer entwickeln sollte.

Durch Ludwig II. und seine Ehe mit der Habsburgerin Maria von Österreich hatte die Annäherung der böhmischen Länder an die Habsburgermonarchie begonnen, die nach dem Tod Ludwigs II. vollendet werden sollte. Der König von Böhmen und Ungarn wurde im Jahr 1526 in der Schlacht bei Mohács, einer kriegerischen Auseinandersetzung mit dem Osmanischen Reich, getötet. Infolgedessen fiel die böhmische Königswürde an Ferdinand I. von Österreich, verheiratet mit Ludwigs

Schwester Anna, und somit an die Dynastie der österreichischen Habsburger. Von 1526 bis 1742 waren die habsburgischen Herrscher als Könige von Böhmen auch Herzöge von Schlesien.

Trotz der katholischen Dynastie wurden im 16. Jahrhundert große Teile Schlesiens protestantisch. Zum einen, weil König Ludwig II. die böhmischen Königsämter mit Utraquisten, einer Partei der Hussiten, die das Abendmahl in beiderlei Gestalt empfingen, besetzte und ihnen damit politische Macht einräumte – weniger als Zeichen seiner religiösen Toleranz, sondern vielmehr als eine Verfolgung innenpolitischer Interessen. Zum anderen, weil die Reformatoren Johann Heß und Caspar von Schwenckfeld in Schlesien erfolgreiche protestantische Überzeugungsarbeit leisteten. Seit Mitte des 15. Jahrhunderts – lang vor dem Augsburger Religionsfrieden, der erst 1555 geschlossen wurde – hatte in den böhmischen Landen durch die Verabschiedung der sogenannten *Iglauer Vereinbarung* relative Religionsfreiheit geherrscht. Im Unterschied zum *Augsburger Religionsfrieden*, der es jedem Landesherrn erlaubte, seine Religion seinen Untertanen vorzuschreiben, durfte jeder in Böhmen lebende Mensch frei und für sich entscheiden, welcher Religion er angehören wollte.

Dies führte zu einer großflächigen Verbreitung des Protestantismus, im Besonderen des Utraquismus, der neben dem Katholizismus zur zweitstärksten Konfession in Böhmen wurde. Insbesondere in Schlesien setzte sich der Protestantismus weitgehend durch.

Die zunehmende Verbreitung des Protestantismus wurde jedoch der herrschenden Schicht, die zu großen Teilen dem katholischen Glauben angehörte, immer unangenehmer. Andere konfessionelle Ausrichtungen als der Katholizismus wurden als Verunglimpfung ihrer eigenen Überzeugungen wahrgenommen. Im Laufe des 16. Jahrhunderts spitzte sich dieser

Konflikt immer mehr zu. Mit dem Tode Kaiser Ferdinands I. setzten diverse Rekatholisierungsmaßnahmen ein, die vor allem auch der Festigung der habsburgischen Vormachtstellung in Böhmen dienen und den Einfluss der mehrheitlich protestantischen Stände schwächen sollten. Das habsburgische Herrscherhaus verzichtete 1567 offiziell auf die *Iglauer Vereinbarung* und verbot 1577 die Abhaltung protestantischer Gottesdienste. Hofämter wurden nur noch an Katholiken vergeben, das Schul- und Bildungswesen in Böhmen dem Jesuitenorden anvertraut.

Umso erstaunlicher ist es, dass es meinem Vorfahren Lazarus I. in dieser Zeit des wiedererstarkenden katholischen Selbstbewusstseins in der Habsburgermonarchie gelang, sich als Lutheraner nicht nur zu behaupten, sondern sogar zu besonderen Ehren zu kommen: Er war es nämlich, der den Hauptsitz der Familie Henckel von Donnersmarck aus Oberungarn zunächst nach Wien, später nach Schlesien verlegen konnte.

Die große schlesische Geschichte meiner Familie, der Henckel von Donnersmarck, beginnt eigentlich in der früher oberungarischen Landschaft Zips, aus der auch die drei ersten geadelten Familienmitglieder Jakob, Peter und Nikolaus stammten. Meine Vorfahren waren dort als ungarndeutsche Siedler ansässig und betrieben lukrative Geschäfte.

In der Zeit nach der Schlacht bei Mohács (1526) verschob das Osmanische Reich jedoch seine Grenzen immer weiter nach Nordwesten und die Henckel von Donnersmarck entschlossen sich schließlich 1581, die „Konzernholding" ihrer Unternehmungen von Oberungarn nach Wien zu verlegen.[1] Die treibende Kraft bei dieser Verlegung war Lazarus I. Henckel von Donnersmarck (1551–1624): Bevor er jedoch nach Wien übersiedelte, ging Lazarus nach Oberdeutschland, wo er den Kaufmannsberuf erlernte. Ab 1579 war er bei der Ulmer Firma Schenner in Wien. Er war Großkaufmann, Bankier,

Montanunternehmer, Großgrundbesitzer und begann ab 1581, eine eigene Firma für den Großhandel aufzubauen, die Vieh, Tuche und Wein vertrieb. Mit diesen Geschäften legte er die Grundlage seines Vermögens. Bereits acht Jahre später war sein Unternehmen über Wien hinausgewachsen: Er unterhielt Faktoreien in Leipzig und Nürnberg und hatte einen Verbindungsmann am Hof Kaiser Rudolfs II. in Prag, einen Enkel Ferdinands I., dem dereinst die böhmische Königswürde zugefallen war. Obwohl Lazarus Lutheraner war, galt er als ein treuer Anhänger des Kaisers, der ihn zum Mitglied des äußeren Rates sowie Beisitzer des Stadtgerichtes erhob. Das Jahr 1591 bedeutete für Lazarus erneut wirtschaftliche Verbesserung: Er erwarb das Schloss in Nußdorf bei Wien und zahlreiche Weinberge und konnte daraufhin den Weinhandel in großem Stil betreiben. Im selben Jahr noch trat er auch mit der kaiserlichen Hofkammer in engere geschäftliche Beziehungen und spielte vor allem während der Türkenkriege unter Rudolf II. eine wirtschaftlich dominierende Rolle, weil er maßgelblich die Kriege gegen die Osmanen finanzierte. Seine finanziellen Zuwendungen an den Kaiser brachten ihm die Bezeichnung „Retter des Vaterlandes"[2] ein, doch sein tatkräftiges Engagement in der protestantischen Gemeinde Wiens sorgte immer wieder für heftige Kritik an seiner Person. Lazarus I. blieb standhaft, schließlich war er überzeugter Protestant und betrachtete die fortschreitenden Rekatholisierungsmaßnahmen der Habsburger, die im größten Glaubenskrieg Europas, dem Dreißigjährigen Krieg (1618–1648), gipfelten, mit Argwohn. Dass er einer der wichtigsten Geldgeber für das österreichische Kaiserhaus war, gewährleistete ihm außerdem einen gewissen Schutzraum, in dem er seinem Glauben ungestört anhängen konnte, schließlich war das Herrscherhaus von seinen Krediten abhängig. Kriege sind teuer, das bekamen auch die österreichischen Regenten zu spüren. Mit über einer Million Gulden stand die Hofkammer zeitweilig in Lazarus' I. Schuld. Als nun 1603 die habsburgischen Erbländer finanziell beinahe völlig erschöpft waren, machte Kaiser Rudolf II. seinem reichen Finanzier ein Angebot: Anstelle des Geldbetrags sollte Lazarus die ehemals piastischen Territorien Beuthen, Tarnowitz und Oderberg in Schlesien als Pfandlehen erhalten. Lazarus willigte ein, doch das Tauschgeschäft erwies sich ihm zum Nachteil, denn Schlesien war, wieder einmal, stark umkämpft: Die Familie der Hohenzollern erhob erbrechtlichen Anspruch und besetzte das Gebiet. Rudolf II. und später sein Nachfolger Matthias II. machten keine Anstalten, den Landstrich zurückzuerobern und Lazarus zu übergeben. Der Inhaber der Herrschaft Beuthen in Schlesien, Johann Georg von Hohenzollern, machte einen entscheidenden Fehler: Er erklärte sich solidarisch mit Friedrich V., der nach dem *Ständeaufstand in Böhmen* und der damit einhergehenden Absetzung des Habsburger Kaisers Matthias II. im August 1619 von den protestantischen Ständen zum böhmischen König gewählt worden war. Friedrich V. von der Pfalz stilisierte sich zwar als „Kreuzritter des Protestantismus"[3], doch seine Glanzzeit währte nicht lange. Schon ein Jahr nach seiner Erhebung auf den böhmischen Thron wurde er in der *Schlacht am Weißen Berg* (1620) vernichtend vom Habsburgerheer – mittlerweile unter Kaiser Ferdinand II. – geschlagen. Seine kurze Amtszeit brachte Friedrich V. den abschätzigen Beinamen „Winterkönig"[4] ein und seine Niederlage führte auch zur Ächtung Johann Georgs, der Schlesien verlassen musste. Nun stand den Henckel von Donnersmarck und ihrem Aufstieg in Schlesien nichts mehr im Wege: Die schlesischen Besitzungen wurden 1623 an Lazarus I. übergeben. Er selbst, der sich inzwischen auf Geldgeschäfte und eine Bergbaubeteiligung im oberungarischen Neusohl konzentriert hatte und in den Freiherrenstand erhoben worden war (1615), konnte sich jedoch nicht mehr an seinem neuen Besitz erfreuen, denn er starb bereits ein Jahr später.

Doch war er es, der mit seinem Wirken wirtschaftlich wie politisch den Grundstock für den Aufstieg unserer Familie gelegt hatte.

1629 konnte sein Sohn Lazarus II. (1573–1664) die Pfandgüter zum Eigentum erwerben. Sieben Jahre später wurde auch er von Kaiser Ferdinand II. zum erbländisch-österreichischen Freiherrn und gleichzeitig Reichsfreiherrn ernannt, mit dem Namen Henckel von Donnersmarck auf Gföhl und Vösendorf. 1651 folgte dann in Innsbruck die Erhebung in den Grafenstand sowie 1661 in Wien die Verleihung des böhmischen Grafentitels.

Seinem Enkel, Leo Ferdinand Graf Henckel von Donnersmarck, gelang schließlich ein Streich, der zu einer bisher ungeahnten Machtposition meiner Familie in Schlesien führte. Er erreichte, dass das Fürstentum Beuthen 1697 zur Freien Standesherrschaft erhoben wurde. Das bedeutete, dass die Henckel von Donnersmarck in Schlesien im Grunde alle Hoheitsrechte eines Souveräns innehatten. Bis zur erst viel späteren Annexion Schlesiens durch Preußen blieben ihre Gerichte bestehen, Verträge und Urkunden wurden noch bis in die Anfangsphase der Industriellen Revolution von diesen ausgefertigt.[5]

Leo Ferdinand war wie sein Urgroßvater Lazarus I. Anhänger des protestantischen Glaubens, heiratete jedoch 1677 die katholische Tochter des kaiserlichen Kämmerers, Juliana Maximiliana Coob von Neyding. Nach Leo Ferdinands Tod brachen Konflikte in der Standesherrschaft auf: Wer sollte diese regieren? Wer sollte die Vormundschaft für die noch unmündigen Kinder übernehmen? Der Kaiser entschied: Die verwitwete Gräfin, Juliana Maximiliana, katholisch, sollte die Aufgaben übernehmen. Im Gegenzug stellte er eine Bedingung: Die Kinder sollten katholisch erzogen werden. Das war der gläubigen Gräfin nur allzu recht, die übrigen Familienmitglieder empfanden es als Kompromittierung.

Wahrscheinlich bezog sich mein Vetter Guidotto, als er uns vom Ursprung des katholischen Zweiges der Familie erzählte, auf ebendiese historische Begebenheit – über die Jahre ausgeschmückt, verändert und zur unterhaltsamen Familienanekdote herangereift.

Doch ist es viel mehr als eine Anekdote, denn an diesem Punkt in der Geschichte meiner Familie kommt es zu einer konfessionellen und auch territorialen Spaltung. Die Familie teilt sich in die katholische Linie Beuthen-Siemianowitz und die protestantische Linie Tarnowitz-Neudeck.

Der Sohn Leo Ferdinands, Carl Joseph I., katholisch von seiner Mutter erzogen, regierte nach dem Tod seines Vaters über 30 Jahre in Beuthen. Am Kaiserhof in Wien wurde er geachtet, er war Kämmerer, Wirklicher Geheimer Rat und kaiserlicher Landeshauptmann für die Herzogtümer Oppeln und Ratibor.

Doch zu seinen Lebzeiten brach 1740 der erste von drei Schlesischen Kriegen aus, in denen das Königreich Preußen und die Habsburgermonarchie um die schlesischen Territorien kämpften und Preußen dreimal obsiegte. Carl Joseph I. wurde schon vor Ende des Zweiten Schlesischen Krieges aus unbekannten Gründen vom preußischen König „wegen des abscheulichen Lasters der beleidigten Majestät" als Landesverräter zum Tode verurteilt.[6] Er verlor sowohl sein Vermögen als auch die Freie Standesherrschaft, konnte sein Leben aber durch eine Flucht nach Wien retten. Das Todesurteil wurde *in absentia* vollstreckt: Der Scharfrichter zerschlug auf dem Marktplatz in Breslau das Wappen der Henckel mit dem Schwert in zwei Teile. Der Verurteilte selbst starb erst im Jahr 1760 in Ödenburg.

Das Todesurteil gegen Carl Joseph I. gibt bis heute Rätsel auf. Eine Theorie, die bis heute nicht bestätigt ist, möchte ich jedoch anführen: In den Schlesischen Kriegen war es gemeinhin üblich, dass Anhänger des protestantischen Glaubens die Kirchenglocken läuteten, wenn den preußischen Heeren ein Sieg gelungen war. Die Katholiken dagegen ließen ihre Kirchenglocken erklingen, wenn Österreich gesiegt hatte. Carl Joseph I. untersagte sowohl den Protestanten als auch den Katholiken, Kriegsgeschehen mit Glockengeläut zu kommentieren, da er sich gegen einen politischen Missbrauch der religiösen Einrichtungen verwehrte.[7] Hatte das zu seiner Verurteilung geführt? Oder sein Bekenntnis zur katholischen Kirche und dem österreichischen Herrscherhaus? Fragen, die mit dem zeitlichen Abstand des heutigen Betrachters wahrscheinlich nicht mehr geklärt werden können, da offizielle Verlautbarungen nicht mehr ausfindig zu machen sind. Und dennoch illustrieren sie das religiöse und politische Spannungsfeld, in dem sich meine Familie in Schlesien behauptete.

Nach dem Tode Carl Josephs I. konnte dessen Sohn die schlesischen Territorien in den Familienbesitz zurückführen. Juliana Maximilianas katholische Erziehung ihrer Kinder und folglich auch für ihre Enkel und Urenkel war prägend und wegweisend: Alle waren treue Kirchgänger und standen in einer engen Verbindung zum katholischen Herrscherhaus. Einige schlugen kirchliche Laufbahnen ein und übernahmen katholische Ämter.

Nicht nur die katholische Linie meiner Familie tat sich hervor. Auch der protestantisch gebliebene Teil konnte große Erfolge verzeichnen. Von 1740 bis zum Ende der preußischen Monarchie waren deren Vertreter dem Königs-, später Kaiserhof in Berlin eng verbunden, genossen hohes Ansehen und konnten sich großen Einflusses rühmen. Wirtschaftlich waren sie weiterhin erfolgreich: Graf Karl Lazarus (1772–1864) besaß ein großes Anwesen in Neudeck, auf dem er Steinkohlenbergbau betrieb und Walzwerke, Eisen- sowie Zinkhütten erbauen ließ. Erfüllt von preußischem Patriotismus gründete er 1813 das National-Husaren-Regiment.

Sein Sohn, Graf Guido (1830–1916), erbte den Grundbesitz und weitete den wirtschaftlichen Betrieb erheblich aus. Er trat die Leitung in den zuvor verpachteten Unternehmen an und gründete Aktiengesellschaften. Zu Beginn des 20. Jahrhunderts avancierte er zu einem der reichsten Aristokraten Preußens. Neben seinem pekuniären Vermögen besaß er rund 28.000 Hektar Land.

Mit dem deutschen Kaiser Wilhelm II. teilte er dieselbe Leidenschaft: die Jagd. Zahlreiche Besuche des Kaisers auf Schloss Neudeck, bei denen gemeinsam gejagt wurde, sind belegt. Eine enge Freundschaft zwischen Guido und dem Kaiser entstand, die letztendlich dazu führte, dass Guido Graf Henckel von Donnersmarck im Jahr 1901 den preußischen Fürstentitel durch Wilhelm II. erhielt.

Guido Graf Henckel, nunmehr Fürst von Donnersmarck, engagierte sich vor allem auch sozial. 1916 richtete er in einem notariellen Verfahren die Fürst-Donnersmarck-Stiftung ein, mit der er Menschen mit Behinderungen unterstützen wollte. Noch im selben Jahr verstarb er und erlebte die Teilung Oberschlesiens nicht mehr, dessen südöstliche Gebiete auf Beschluss der Konferenz der Pariser Botschafter der Entente an Polen fielen.

Inzwischen zeigten sich auch die Mitglieder des katholischen Teils meiner Familie als loyale Preußen, so kämpfte etwa der Enkel Carl Josephs I. auf der Seite der Preußen gegen Napoleon und fiel in der Schlacht bei Groß-Görschen.

Sein Sohn Hugo I. (1811–1890) erinnert an unseren Ahnherrn Lazarus I. Auch er war Unternehmer, stärkte die Industrie in Schlesien, legte sein Vermögen aber auch außerhalb der Grenzen Schlesiens an, bevorzugt in Österreich und Ungarn. 1846 erwarb er den großen Besitz im Kärntner Lavanttal. Die Größe reichte aus, dass unsere Familie 1847 in die Kärntner Landesstände eingereiht wurde.[8] Leider wurde der Forstbesitz

1928 wieder verkauft, um die schlesischen Industrien zu stützen. Durch den in Kärnten verbliebenen Besitz konnte meine Familie nach 1945 dort eine neue Heimat finden.[9]

Mein Bruder erzählte gerne davon, wie er als 15-jähriger „Preuße" – von Gleichaltrigen in Kärnten wegen seiner anderen Sprechweise gehänselt – oft Zuflucht im Wappensaal des Kärntner Landhauses suchte. Unter den Wappen auch dasjenige seiner Familie zu finden, gab ihm Sicherheit und Kraft – war Kärnten nicht schon lange vor ihm die Heimat seiner Familie gewesen? Darüber konnten auch sprachliche Unterschiede nicht hinwegtäuschen.[10]

Hugo I. verbrachte viele Jahre in Wolfsberg in Kärnten und im ungarischen Karlsburg. Seine wirtschaftlichen Bestrebungen konzentrierten sich jedoch weiterhin vor allem auf Oberschlesien, das seit der zweiten Hälfte des 17. Jahrhunderts zu einem der wirtschaftlich wichtigsten Gebiete der Habsburgermonarchie geworden war. Nach seinem Tod wurden seine Besitzungen unter seinen drei Söhnen aufgeteilt. Sein Sohn Lazarus IV. (1835–1914), mein Urgroßvater, erhielt den Besitz in Kärnten. Als österreichischer Offizier nahm er 1859 am Italienfeldzug mit der Entscheidungsschlacht bei Solferino teil, deren Grausamkeit zur Gründung des Roten Kreuzes und zur Vereinbarung der Genfer Konvention von 1863 führte.

Da Lazarus' IV. Ehefrau, die aus Schlesien stammende Gräfin von Schweinitz, sich in den Kärntner Bergen, deren Enge sie nicht ertragen konnte, unwohl fühlte, wurde ein ungewöhnlicher Tausch vereinbart: Lazarus erhielt von seinem Bruder Arthur die schlesischen Territorien, Arthur dafür die Kärntner Besitzungen, denn Arthurs Frau kam aus dem Riesengebirge und hatte mit der bergigen Umgebung keine Schwierigkeiten.[11] Hätte mein Urgroßvater nicht mit seinem Bruder getauscht, wäre ich wohl in Kärnten aufgewachsen und es hätte mich nicht erst nach der Flucht dorthin verschlagen – Ironie des Schicksals? Göttliche Fügung?

Zurück in Schlesien, erfuhr Lazarus IV. erneut, welche schmerzhaften Konsequenzen die andauernden Auseinandersetzungen zwischen Preußen und Österreich, zwischen Protestantismus und Katholizismus auch für freundschaftliche Beziehungen haben sollten. 1866 entbrannte ein neuer Krieg zwischen Preußen und Österreich, in dem das Haus Habsburg unterlag. Lazarus IV. hatte davon erfahren, dass österreichische Offiziere, mit denen er in Italien gedient hatte, in einer nahe gelegenen Ortschaft festgehalten wurden. Dort durften sie sich relativ frei bewegen. In der Hoffnung, seine alten Kameraden aus dem italienischen Feldzug wiedersehen zu können, machte sich Lazarus IV. auf den Weg, doch als er ankam, wiesen sie ihn ab, denn er sei ein Preuße und folglich ein Feind.[12] Trotz seines katholischen Glaubens, trotz seiner österreichischen Vergangenheit und vor allem trotz ihrer geteilten Erfahrungen im Feldzug nach Italien konnte keine Brücke mehr zu seinen ehemaligen Kameraden geschlagen werden. Die religiösen und politischen Spannungen hatten sein persönliches Umfeld vergiftet. Zutiefst gekränkt kehrte er zurück.

Österreichisch-preußische und katholisch-evangelische Konflikte begleiteten auch die Generation meiner Großeltern und meiner Eltern in Schlesien. Dann kamen die beiden Weltkriege und schließlich die Flucht aus Schlesien und die totale Enteignung durch die Kommunisten im Jahr 1945 ...

Der 16. Jänner 1943

Nach fast dreieinhalb Jahrhunderten von schlesischen Henckels war ich der letzte Spross meiner Familie, der noch in Schlesien geboren wurde, und zwar am 16. Jänner 1943. Als Kind dieser weit verzweigten, im wahrsten Sinn des Wortes europäischen Familie sollte mir ein Leben beschieden sein, das sich an mehreren Stationen unseres Kontinents abspielen würde: Schlesien war nur der Anfang. Von dort aus ging es über Franken nach Kärnten, von dort wiederum nach Wien, Frankfurt am Main und Barcelona. Das Stift Heiligenkreuz nahe bei Wien sollte zu meiner letzten Heimat werden, jedoch auch hier sollte ich nicht durchgehend bleiben können. Sich über Jahre erstreckende Aufenthalte in der Zisterzienserabtei Rein in der Steiermark und in Rom unterbrachen auch meine als kontinuierlich gedachte Anwesenheit in Heiligenkreuz.

Der Tag meiner Geburt, jener 16. Jänner 1943, war ein für Europa denkwürdiges Datum. Nicht nur, dass der Kontinent ohnehin schon seit Jahren in den Gräueln eines der schrecklichsten Kriege, die die Menschheit bislang erlebt hatte, versank, tobte exakt um diese Zeit die Entscheidungsschlacht in Stalingrad, die das Ende jenes unsäglichen Dritten Reiches besiegelte oder zumindest einleitete. Die Rote Armee begann damals nämlich ihre letzte Großoffensive, die *Operation Kolzo* (*Ring*), gegen die ohnehin schon am Ende ihrer Kräfte angelangte Sechste Armee Hitlers und eroberte an jenem 16. Jänner die beiden Flugplätze Pitomnik und Gumrak, über die die deutschen Truppen bislang noch Versorgungsmaterial bezogen hatten. Durch den Verlust der Flugplätze hatte die Sechste Armee nun auch keinen Kontakt mehr zu anderen Truppenteilen außerhalb des Kessels von Stalingrad, in den sie schon seit Wochen eingeschlossen war.

Die Falle war nun endgültig zugeschnappt, die Sechste Armee gefangen. Das Leid und die Verzweiflung, die damals um sich griffen, sind hinlänglich bekannt.

Im Verlauf der kriegsentscheidenden Schlacht ist jener 16. Jänner 1943 ein ganz markanter Tag, ein Tag, der sich schließlich auch auf Schlesien, unsere Heimat, auswirken würde. Das war absehbar. Noch war Breslau die Hauptstadt von Schlesien und Teil des Deutschen Reichs. Jedoch wie lange noch? Und was würde das für uns bedeuten? Die mehr als berechtigten Sorgen meines Vaters, des Grafen Friedrich Carl Henckel von Donnersmarck, drücken sich aus in einem kleinen Gedicht, das er aus Anlass meiner Geburt geschrieben hat:

In der bösen Zeit des Krieges,
wo es draußen donnert und kracht,
kam das Glück in unsere Familie
und hat uns den Ulrich gebracht.

Und an diesem schönen Tage,
an dem versammelt wir heut' sind,
ward er in der Heiligen Taufe
zu einem Gotteskind.

Er lebe in Glück und Frieden
Und Segen noch und noch!
Die Mami und der Ulrich:
Sie leben dreimal hoch!

In den harmlosen Zeilen schwingt zweierlei mit: die Angst, die meine Eltern in diesen schrecklichen Zeiten ausgestanden haben müssen, zugleich aber auch die Freude über den neuen Erdenbürger, den sie dem Schutz Gottes anvertrauten. Mein um sieben Jahre älterer Bruder Leo Ferdinand hat das Gedichtchen dann am 11. Februar 1943 zu meiner Taufe aufgesagt.

Einer meiner Taufpaten war Karl Fürst zu Löwenstein, der Vetter und beste Freund meines Vaters. Er war später Präsident des *Zentralkomitees der deutschen Katholiken*, das sein Großvater einst gegründet hatte und das stark von seiner Familie getragen war. Ihm sollte ich an entscheidenden Punkten meines Lebens immer wieder begegnen.

Der 16. Jänner sollte übrigens auch in meinem späteren Leben noch einmal von großer Bedeutung für mich sein. Exakt 40 Jahre später feierte ich an jenem Tag als Konzelebrant im Stift Heiligenkreuz die heilige Messe mit meinen Mitbrüdern. Es war mein 40. Geburtstag und das erste Mal, dass ich meinen Geburtstag als Priester feiern durfte. Wie der Zufall es wollte, traf ich dort einen alten Freund unseres Hauses, Dr. Gerhard Winkler, den mit diesem Datum auf andere Weise, wie sich herausstellen sollte, extrem viel verband. Wir saßen einander in unserem Frühstücksrefektorium gegenüber und kamen ins Gespräch. Als ich ihn fragte, ob er einen besonderen Grund hätte, heute mit uns die heilige Messe zu feiern, eröffnete er mir, dass er Geburtstag hätte. „Das freut mich aber", sagte ich, „ich habe heute auch Geburtstag." Natürlich erkundigte ich mich sofort nach seinem Geburtsjahr und war ziemlich erstaunt, als er das Jahr 1943 angab, da er doch um einiges älter war als ich. Dr. Winkler merkte mir mein Erstaunen an und fuhr fort: „Ich feiere den 16. Jänner 1943 als meinen gnadenhaften, eigentlichen Geburtstag, tatsächlich geboren wurde ich Jahre früher an einem anderen Tag. Damals war ich jedoch als junger Offizier im Kessel von Stalingrad. In der Früh schlug eine Granate direkt neben mir ein. Ich befand mich wie durch ein Wunder gewissermaßen im Auge des Zyklons und blieb unverletzt. Dutzende meiner Kameraden um mich herum verloren damals jedoch ihr Leben oder waren zumindest schwer verwundet."

Am selben Tag noch war mein Sitznachbar in die Hände einer sowjetischen Patrouille geraten, hatte jedoch, begünstigt von dichtem Nebel, wieder fliehen können. Am Abend des gleichen Tages hatte er den Befehl erhalten, eine Maschine mit Verwundeten, deren Pilot bereits gefallen war, vom Flughafen Pitomnik aus dem Kessel von Stalingrad zu fliegen, und das, obwohl er eigentlich nur einen zivilen Flugschein hatte. Das Flugzeug war mit Verwundeten überladen, Landser hatten sich in ihrer Angst sogar an die Tragflächen gehängt. Trotzdem gelang es ihm, die Maschine auszufliegen. Er war wohl einer der Letzten gewesen, die den Flugplatz an jenem 16. Jänner überhaupt noch hatten verlassen können.

Ich empfinde dieses Zusammentreffen an jenem Tag auch heute noch als schicksalhaft. Natürlich erinnere ich mich nicht an meinen Geburtstag. Wer tut das schon? In Erinnerung wird mir jedoch stets jener Tag 40 Jahre später bleiben, der mich mit jenem Herrn zusammenführte, der diesem Datum ähnlich wie ich verbunden ist. Vor wenigen Jahren starb Dr. Winkler. Ich durfte ihm zuvor noch das Sakrament der Krankensalbung spenden und wurde auch damit beauftragt, sein Begräbnis zu halten.

Die Flucht

Im Jahr 1919 wurde Ostoberschlesien an Polen abgetreten. Dort war meine Familie beheimatet. Die voneinander getrennten Regionen wurden 1939 wieder zur Provinz Schlesien mit der Hauptstadt Breslau vereint. Schlesien, das über die Jahrhunderte immer wieder unter der Herrschaft unterschiedlicher Feudalherren gestanden war, kam auch jetzt nicht zur Ruhe. Gerade jetzt nicht. Als sich im Jahr meiner Geburt nach und nach abzeichnete, dass Hitler den Krieg wohl verlieren würde, konnten meine Eltern an einer Hand abzählen, dass es bald wieder zu schwerwiegenden politischen Veränderungen kommen würde. So war es dann auch. Als der schrecklichste aller Kriege im Jahr 1945 zu Ende ging und Hitler besiegt war, stand damit auch das Schicksal Schlesiens und das meiner Familie in der Schwebe. Auf der Potsdamer Konferenz noch im Sommer desselben Jahres beschloss man, das östlich der Oder-Neiße-Linie gelegene Gebiet des Deutschen Reiches unter polnische Verwaltung zu stellen. Das hatte zur Folge, dass man die deutschen Ortsnamen entfernte und der Großteil der deutschen Bevölkerung vertrieben wurde. Meine Familie kam der Vertreibung durch die Flucht zuvor. Es war ein Abschied für immer von unserer alten Heimat Schlesien.

Hier war meine Familie seit Jahrhunderten ansässig gewesen. Hier befanden sich ihre Besitzungen, etwa das Barockschloss Siemanowitz, einige Kilometer südöstlich von Beuthen gelegen, in dem mein Ururgroßvater Hugo geboren worden war, oder das Schloss Naklo, das derselbe im Jahre 1856 als Jagdschloss wenige Kilometer östlich der Stadt Tarnowitz hatte errichten lassen. Dort war mein Vater aufgewachsen. Als Zweitgeborener hatte er es allerdings nicht geerbt, dafür aber das Schloss Romolkwitz, einen Besitz in Niederschlesien etwa

40 Kilometer westlich von Breslau. Hier verbrachten meine Eltern, wenn sie sich nicht gerade in ihren Wohnungen in Beuthen oder Tarnowitz aufhielten, sehr viel Zeit, weil sie dort die Ruhe fanden, die ihnen im Industriegebiet Oberschlesiens nicht gegönnt war. Dass sie nicht das ganze Jahr über dort wohnten, lag daran, dass mein Vater, bevor er 1943 zur Deutschen Wehrmacht eingezogen wurde, weitgehend in die Verwaltung des Henckelschen Bergwerk- und Industrievermögens eingebunden war, was seine Anwesenheit in Beuthen und Tarnowitz nötig machte. Wirklich wohl gefühlt haben sich meine Eltern jedoch in Romolkwitz, jenem neogotischen Schloss, das von einer herrlichen Parkanlage im englischen Stil umgeben war. Zu dem Schloss gehörte auch ein ertragreiches landwirtschaftliches Gut. Von hier aus fuhr meine Mutter nach den Weihnachts- und Neujahrstagen in das moderne Spital in Breslau, um mich auf die Welt zu bringen.

Eisiger Wind pfeift mir um die Ohren. Meine Füße strampeln ins Halbleere eines mit Pelz gefütterten Fußsacks hinein. Der Sack ist jedoch nach unten hin geschlossen. Dieses ambivalente Gefühl von Unsicherheit, zugleich jedoch auch von Geborgenheit hat mich dann ein Leben lang begleitet. Dies ist meine früheste Erinnerung. Wir schreiben den 28. Jänner 1945.

An jenem Tag, ich war gerade zwei Jahre alt, brach meine Mutter mit dem ganzen Dorf im Treck zur Flucht durch Nordböhmen nach Franken auf. Es gibt eine kleine, auf den ersten Blick unscheinbare Episode im Rahmen dieser Flucht, die aber für die Dramatik der ganzen Situation spricht. Meine Mutter fand unterwegs in der Nähe eines Ortes namens Pruschwitz – keiner von uns weiß mehr, wie der Ort tatsächlich geheißen hat – einen leeren Koffer, den dort jemand zurückgelassen hatte. Ganz gegen ihre Gesinnung, da er ja nicht ihr Eigentum war, nahm sie ihn mit. Sie hat uns auch später nicht erklären können, weshalb sie das getan hat. Wahrscheinlich waren es das Erlebnis des Heimatverlustes und die Angst vor der unsicheren Zukunft zugleich, die sie dazu verleitet hatten. Jener Koffer, der heute noch der „Pruschwitz-Koffer" heißt, ist immer noch in meinem Besitz.

Wenige Tage nachdem wir von Schloss Romolkwitz aufgebrochen waren, kamen sowjetische Truppen und brannten es nieder. Die Ruinen wurden dem Erdboden gleichgemacht. Dieses Schicksal teilte das Schloss mit unzähligen Gebäuden jener Art: Sie wurden als „Denkmale des Feudalismus" von den kommunistischen Machthabern zerstört. Vom Schloss meines Vaters ist heute nichts mehr zu sehen.

Kindheit in Franken

Zuflucht fanden wir vorerst bei einer Familie, mit der meine Eltern schon vor dem Zweiten Weltkrieg in freundschaftlicher Verbindung gestanden waren und mit der sie, soweit ich weiß, vor allem ihre Jagdleidenschaft geteilt hatten, den Fürsten Löwenstein-Wertheim-Freudenberg, die in Kreuzwertheim am Main ein wunderschönes Renaissanceschloss bewohnten. Die Stadt Wertheim am Main lag in der amerikanischen Besatzungszone. Ich weiß noch gut, dass mir die US-Soldaten in ihren schicken Uniformen wie Halbgötter vorkamen.

Die Besitzer des Schlosses, Fürst Udo und seine Frau Margarete, die einen Sohn und drei Töchter – damals allesamt schon erwachsen – hatten, nahmen uns liebevoll auf und versorgten uns großzügig mit allem, was wir zum Leben brauchten. Wir selbst hatten so gut wie alles durch Vertreibung und Flucht verloren. Als wir bei ihnen ankamen, besaßen wir de facto nur mehr die Kleider, die wir am Leib trugen. Das Einzige, was ich meinen bescheidenen Besitz nennen konnte, war ein Nachttopf, der die Flucht unbeschädigt überstanden hatte. Ich hütete ihn wie ein Heiligtum und kam mir deshalb ungemein begütert vor. Ich wurde gebeten, dieses kostbare Gefäß meinem Bruder Leo Ferdinand zu leihen. Als ich jedoch sah, wie er es benützte – er war ja viel älter und größer als ich – entrang sich mir der Schreckensruf: „Nicht doch so viel da rein machen!"

Fürst Udo stellte uns Räume in seinem Schloss zur Verfügung und stattete sie mit dem Nötigsten aus – mit Möbeln, Geschirr, Hausrat und Wäsche.

Wir waren Flüchtlinge, zugleich jedoch mehr als privilegiert. Obwohl ich damals noch sehr klein war, erinnere ich mich gut an das wunderschöne Schloss mit der im wahrsten Sinn des Wortes fürstlichen Toreinfahrt, in der auch der große Pferdeschlitten mit seiner reichlichen Dekoration für Ausfahrten bereitstand. Hinter dem Schloss erstreckte sich ein großzügig angelegter Park, der Garten vor dem Schloss war durch eine kleine Taxushecke gegliedert.

Als Ostergeschenk für unsere Familie ließ Fürst Udo dort einmal einen im Durchmesser rund 40 Zentimeter großen Holzteller verstecken, den wir noch 30 Jahre später als Brotteller verwendeten. Irgendwann brach er dann entzwei. Noch heute gehört eine ganze Reihe von Möbeln und Bildern, die wir von der Familie Löwenstein geschenkt bekommen hatten, zum Inventar des Hauses meines Neffen in Klagenfurt. Ein sehr hübsches Porzellanservice, das mit der Fürstenkrone der Löwensteins dekoriert ist, kam auf diese Weise ebenfalls in unseren Besitz. Mein Bruder hat es später der Familie unserer Gönner zurückgegeben. Auch ich habe in meiner Wohnung im Heiligenkreuzerhof in Wien, wo ich seit dem Jahr 2011 wohnen darf, noch vier kleine Stiche aus diesem Geschenk der Familie Löwenstein.

Mit uns geflohen war die Ordensschwester Alba Dziatzko, Kindergärtnerin in Romolkwitz, die ich „Abba" nannte. Ich liebte sie heiß und weiß noch heute, wie sich ihr gesteifter Kragen anfühlte, wenn ich mich vertrauensvoll an sie schmiegte. Mitgekommen waren auch unsere Köchin Rosa Kube und meine Großmutter mütterlicherseits, Else von Zitzewitz, die ich sehr liebte, die jedoch schon bald nach unserer Ankunft auf Schloss Kreuzwertheim ihrem Krebsleiden erlag. Erstaunlicherweise erinnere ich mich weder an ihren Tod noch an ihr Begräbnis. Ein Bild hat sich jedoch in mein Herz gebrannt: Noch heute sehe ich meine Großmutter, wie sie mich von ihrem Krankenlager aus liebevoll anlächelte und mir, ihrem jüngsten Enkel, die Arme entgegenstreckte. Selbst die schwarze Jacke mit den weißen Punkten, die sie trug, ist mir in Erinnerung geblieben.

Für insgesamt ein Jahr blieben wir bei den Löwensteins. Unser Leben verlief nach der Flucht wieder in ruhigeren Bahnen, sieht man von einigen Zwischenfällen ab, die die Nachkriegszeit so mit sich brachte. Einmal fand etwa mein Bruder beim Spielen hinter der Parkmauer – er war damals zehn Jahre alt – eine Handgranate. Er hob sie, weil er ja schließlich auch nicht wusste, worum es sich da handelte, vom Boden auf. Sie explodierte und verletzte ihn schwer. Seine Freunde, mit denen er unterwegs gewesen war, waren dermaßen geschockt, dass sie nicht etwa gleich Hilfe holten, sondern in alle Himmelsrichtungen davonliefen und meinen Bruder einfach liegen ließen. Erst aufgrund seiner Schmerzensschreie wurde man schließlich auf ihn aufmerksam. Die schwere Verletzung, die er sich auf dem Oberschenkel zugezogen hatte, hinterließ Narben, die bis zu seinem Tod beinahe 70 Jahre später sichtbar blieben.

Meine Mutter führte damals den Haushalt, lediglich kochen musste sie nicht, da ja unsere Köchin mit uns gekommen war. Auch luden uns die Löwensteins gelegentlich zum Essen ein. Die Familie wuchs mir damals sehr ans Herz, besonders der energische und doch so gütige Fürst Udo sowie die liebenswürdige und zugleich so vornehme Fürstin Margarete, die vor allem auch mein Bruder sehr verehrte. Bisweilen, denke ich, liebte er sie mehr als unsere eigene Mutter. Die Tatsache, dass die Familie protestantisch war, wir jedoch katholisch, hat in ihrer Haltung uns gegenüber niemals eine Rolle gespielt. Fürst Udo vermittelte meinem Vater, einem gelernten Diplomkaufmann, schließlich auch wieder eine Anstellung, und zwar in dem 70 Kilometer östlich gelegenen Rüdenhausen bei den Fürsten Castell-Castell und Castell-Rüdenhausen. So kam es, dass wir Kreuzwertheim wieder verließen und weiterzogen.

In Castell bekam mein Vater eine hohe Anstellung als Generalbevollmächtigter der Vermögensverwaltung der beiden Familien Castell-Castell und Castell-Rüdenhausen. Wir bezogen den vierten und obersten Stock des Schlosses Rüdenhausen, das aus dem 13. Jahrhundert stammt und als Wasserschloss konzipiert war.

Ich besuchte in Rüdenhausen den örtlichen Kindergarten am anderen Ende des Dorfes und am 16. August 1949 wurde ich eingeschult. Ich bekam zur Feier des Tages eine riesige Schultüte – für mich ein Zeichen dafür, dass wir die Armut der letzten Jahre überwunden hatten. So verbrachte ich die ersten beiden Jahre meiner nicht immer glänzenden Schulkarriere in Rüdenhausen. Mein älterer Bruder besuchte damals das Internat Münnerstadt, das von Augustinereremiten geführt wurde.

In der Zwischenzeit war auch mein Großvater, Gerhard von Zitzewitz, zu uns gestoßen. Er war bislang nicht aus dem sowjetisch besetzten Potsdam entkommen.

Meine erste Erinnerung an die Zeit in Rüdenhausen setzt bei dem feierlichen Einzug des Fürsten Siegfried mit seiner Frau Irene ein. Sie hatten am 17. Oktober 1946 geheiratet und zogen nun in einem festlichen Zug mit einer Kutsche, die von mit bunten Manschetten geschmückten Pferden gezogen wurde, durch das Dorf ins Schloss ein. Zum Fürsten wurde Siegfried übrigens erst Jahre später, als man seinen älteren Bruder Rupert, der in Rumänien vermisst war, für tot erklären musste.

Sowohl mit der Familie Castell-Castell als auch mit der Familie Castell-Rüdenhausen freundeten wir uns bald an. Meine Mutter wurde sogar zur Patin eines der Kinder. Mein Vater wiederum arbeitete eng mit dem jungen Fürsten Albrecht zusammen und war ihm sicher in vieler Hinsicht eine große Stütze. Fürst Albrechts Vater war schließlich am 10. Mai 1945, also bereits nach der Kapitulation Hitlerdeutschlands, in der Tschechoslowakei gefallen und nun lag die Verantwortung für die Verwaltung des Besitzes in seinen Händen. Das Vermögen der beiden Familien Castell bestand aus Land- und Forstwirtschaft sowie dem für Franken typischen – dort ist die Bocksbeutel-flasche zu Hause – Weinbau. Auch gehörte die Castell Bank dazu, die Filialen in Würzburg, Kitzingen und einer Reihe anderer Orte unterhielt. Da sich der amtierende Generaldirektor noch in Gefangenschaft befand, übernahm mein Vater seinen Posten.

Fürst Albrecht und ihn verband bald eine tiefe Freundschaft. Es war insbesondere ein Erlebnis, das sie zusammenschweißte: ein gemeinsamer Gefängnisaufenthalt. „Illegal political activity" wurde ihnen von der amerikanischen Besatzungsbehörde vorgeworfen, weil sie die Vervielfältigungsmaschine der Castell Bank für den Druck von Informationsblättern der jungen CSU in Bayern zur Verfügung gestellt hatten. Fürst Albrecht und mein Vater wurden vor ein Militärgericht gestellt und zu einer kurzen Gefängnisstrafe verurteilt. Letztere büßten sie im Gefängnis Gerolzhofen ab. Der Gefängnisaufseher hätte, so erzählte mein Vater später gerne, Fürst Albrecht mit „Euer Durchlaucht" angesprochen und ihn selbst mit „Herr Graf" und er hätte sie geradezu fürstlich versorgt in ihrer Zelle. Als er gerade dabei gewesen war, ihnen ein Tablett mit lauter Köstlichkeiten zu reichen, wäre ein amerikanischer Offizier zur Visitation gekommen, hätte den Kopf geschüttelt und gesagt: „This seems to be a rather comfortable place!"

Das gesellschaftliche Leben, das meine Eltern nun führten, kam wieder ein wenig dem gleich, das sie aus ihrer Heimat gewohnt waren. Zu ihren Bekannten zählten auch andere Flüchtlingsfamilien, die in Rüdenhausen untergekommen waren. Sie waren unterschiedlichster politischer Prägung und Gesinnung. In einem Haus gegenüber der Schlosseinfahrt wohnte etwa die Familie Mettschnabel, die zwei Söhne in meinem Alter hatte. Die Buben hießen Adolf und Hermann. Das veranlasste meine Eltern dazu, mich über die politischen Hintergründe einer solchen Namensgebung aufzuklären. Es war offensichtlich, dass die Mettschnabels zu all denen gehörten, die von der falschen Ideologie der letzten beiden Jahrzehnte verführt worden waren.

Freundschaftlich verbunden waren wir einer Familie Heidrich, die aus dem Südosten Europas vertrieben worden war und später nach Kanada auswanderte. Ich besitze noch ein Foto, das die Familie mit einem Rettungsring zeigt, auf dem der Name des Schiffes, das sie nach Vancouver bringen würde, zu sehen ist. Was mag wohl inzwischen aus meinem damaligen Freund Andreas Heidrich geworden sein?

Nach und nach erhielten wir nun auch Besuch von Verwandten. So erfuhren wir schließlich auch, wie es ihnen in der Zeit der Not ergangen war. Ich erinnere mich noch sehr genau an den Besuch meines Onkels, des Fürsten Guido Henckel von Donnersmarck. Es hinterließ einen bleibenden Eindruck bei mir, dass er sich trotz des Verlustes seiner riesigen Besitzungen den Humor bewahrt hatte. Sein Großvater war es schließlich gewesen, der im Jahre 1868 Schloss Neudeck in Oberschlesien hatte erbauen lassen, das 1945 von der Roten Armee in Brand gesteckt und völlig zerstört wurde. Die Schlossanlage und der dazugehörige Park hatten zu den schönsten und prächtigsten im Deutschen Reich gehört, was dem Schloss den Beinamen „Klein Versailles" oder auch „Oberschlesisches Versailles" eingebracht hatte. Heute ist nur noch der Schlosspark erhalten.

Onkel Guido war, so schien es zumindest, trotz all dieser verheerenden Verluste ungebrochen – und das beeindruckte mich naturgemäß. Ich sehe ihn noch regelrecht vor mir, wie er in unserer Küche in Rüdenhausen, auf einem hölzernen Küchenstuhl sitzend, mit strahlender Miene das *Jagdsignal* vortrug, das früher die Donnersmarckschen Forstarbeiter immer gesungen hatten, wenn der Fürst einen Hirsch erlegt hatte: „Das Väterchen schoss einen Hirschen, im Wald liegt er, im Wald liegt er ..." Das konnte er sogar auf Polnisch.

Auch ein anderer Besuch ist mir in bleibender Erinnerung geblieben, derjenige von meinem evangelischen Paten, Onkel Wilhelm Günther von Heyden. Er war es, der mich – ich war damals wohl acht Jahre alt – als Erster fragte, was ich denn einmal werden wollte. „Nachtwächter beim Heiligen Vater!", war meine spontane Antwort. Nachtwächter beim Heiligen Vater, beim Papst? Natürlich löste meine Antwort vorerst einmal Ratlosigkeit aus. Ich holte jedoch prompt eine Ausgabe des *Katholischen Digest* und zeigte auf ein Bild, das eine nächtliche Szene in den vatikanischen Gärten zeigte. Ein wenig hinter Papst Pius XII., der sich gerade mit jemandem unterhielt, stand ein Schweizergardist in seiner bunten Tracht mit einer Hellebarde in der Hand. Der imponierte mir sehr. So einer wollte ich einmal werden. Es war reichlich desillusionierend für mich, als man mich darüber aufklärte, dass das für mich nicht infrage kommen würde, da ich leider eben ein Schlesier und kein Schweizer sei. Offenbar habe ich mich jedoch dem Vatikan immer schon ein wenig verbunden gefühlt, und sei es als einer seiner Beschützer.

Mein Vater schenkte mir, gewissermaßen zum Trost und um mich mit meinem Schlesiertum auszusöhnen, eine schöne, große Fahne mit dem Wappen der Henckel von Donnersmarck. Mit der Fahne in der Hand marschierte ich dann gelegentlich recht taktlos vor dem Rüdenhausener Schloss auf und ab, nicht unbedingt zum Wohlgefallen unserer Hausherren.

Die Zeiten waren nun für uns wieder besser geworden. Die traumatischen Erlebnisse des Krieges und der Flucht gehörten der Vergangenheit an – und man feierte wieder Feste. In Schloss Rüdenhausen gab es viele davon, auch Kostümfeste, im Zuge derer die besten Verkleidungen prämiert wurden. Voraussetzung dafür war unter anderem, dass man diejenigen, die hinter der Verkleidung steckten, bis zum Schluss nicht erkennen durfte. Ich weiß noch, dass ich meine Eltern dabei einmal um einen möglichen Sieg gebracht habe, weil ich, selbst als Liftboy verkleidet und für alle gut erkennbar, meine Mutter, die das Kostüm einer Hexe gewählt hatte, fragte: „Mami, darf ich aufs Klo?" Damit waren ihre Chancen auf einen Sieg dahin und zugleich auch die meines Vaters, der in derselben Aufmachung neben ihr stand.

Die Familien Castell-Castell und Castell-Rüdenhausen waren übrigens protestantisch. Einer ihrer Vorfahren, ein Graf Georg II. (1527–1597), hatte in den Jahren 1546–1559 die Reformation in seiner Grafschaft eingeführt. Dieses Faktum beeinträchtigte das Verhältnis, das unsere Familien zueinander hatten, in keiner Weise. Wir lebten die Ökumene. Das zeigte sich unter anderem auch darin, dass wir Katholiken unseren Gottesdienst in der evangelischen Pfarrkirche von Rüdenhausen feiern durften. Gelegentlich begleitete ich meinen evangelischen Großvater jedoch auch in den Gottesdienst in die Kirche von Castell. Dort beeindruckte mich die vier Meter über dem Altar befindliche Kanzel ungemein, die an der Stelle angebracht war, an der ich als katholisch erzogenes Kind das Altarbild erwartete. Die Kanzel ist in der evangelischen Konfession deshalb an so prominenter Stelle, weil seit Martin Luther ja auch das Wort an sich, also die Predigt, eine tragende Rolle spielt. Viele Jahre später, am 22. August 2018, sollte es sich ergeben, dass ich selbst von dieser erstaunlichen Kanzel aus predigen sollte, und zwar bei der silbernen Hochzeit meines Neffen Georg Khevenhüller, der eine Tochter des Fürsten Castell geheiratet hatte.

Wir waren glücklich in Rüdenhausen und wären womöglich auch dort geblieben. Das Schicksal wollte es jedoch anders. Im Jahr 1950 kam der ehemalige Verwalter der Besitzungen der Familien Castell aus Kriegsgefangenschaft zurück und bekam seinen alten Posten wieder. Wir freuten uns natürlich für ihn, für uns selbst bedeutet das jedoch einen erneuten Abschied. Ich habe die Zeit in Unterfranken als äußerst glückliche Kindheitsjahre in Erinnerung. Meine Eltern hatten es bewerkstelligt, mir die Not der Nachkriegszeit nicht als dramatisch zu vermitteln.

Als neue Anstellung kam für meinen Vater ein ähnlicher Verwaltungsposten bei den ebenfalls protestantischen Fürsten Ysenburg in Büdingen infrage. Um mich auf den Umzug vorzubereiten, hatten mir meine Eltern ein Blatt Papier mit dem Grundriss meines neuen Zimmers dort gegeben. Ich durfte es mit einem Bleistift ganz nach meinem Geschmack möblieren. Letztlich wurde nichts daraus, weil mein Vater fast zur selben Zeit ein Stellenangebot von seinem älteren Bruder Lazarus V. bekam, der sich in Kärnten niedergelassen hatte. Mein Vater sollte ihm dabei helfen, die im Vergleich zu Oberschlesien kleinen Reste seines Vermögens für ihn zu verwalten.

Mein Großvater, der ja bald nach uns in Rüdenhausen eingetroffen war, war damals schon zu alt, um erneut zu übersiedeln. Er fand Unterkunft im sogenannten Neuen Schloss, das direkt an das Alte Schloss angefügt und zu einer Altersresidenz umfunktioniert worden war. Einmal vor seinem Tod im Jahr 1952 besuchte er uns dann noch in Kärnten, das zu unserer neuen Heimat werden sollte.

Jugend in Kärnten

Einige Monate nach meinem achten Geburtstag im April 1951 übersiedelten wir nach Klagenfurt. Hier begann für mich ein neuer Lebensabschnitt. Onkel Lazarus, der sich trotz Flucht und Vertreibung relativ bald wieder ein kleines Vermögen geschaffen hatte, holte uns ab. Er fuhr ein imposantes amerikanisches Auto, einen „Hudson", der mir sehr imponierte und meinen Familienstolz, der durch das Faktum der Flucht ohnehin etwas angeknackst war, wieder ein wenig stärkte. Onkel Lazarus brachte uns zuerst zu Verwandten nach Schloss Zeil und von dort nach Lindau am Bodensee. Hier überquerten wir die österreichische Grenze. Da wir noch keine österreichischen Staatsbürger waren, war das gar nicht so einfach. Provisorische Dokumente ermöglichten uns schließlich den Eintritt in unsere neue Heimat. Erst in Klagenfurt gelang es meinem Vater dann, für uns vier die österreichische Staatsbürgerschaft zu erlangen. Den Schritt erleichterte, dass er von 1920 bis 1938 ja polnischer Staatsbürger gewesen war, als Deutscher, als der er ab 1939 gegolten hatte, hätte er es deutlich schwerer gehabt. Die politischen Wirren, die Schlesien im Grunde über Jahrhunderte hinweg unter die Herrschaft verschiedener Landesherren gestellt hatten, waren zumindest jetzt von Vorteil für uns.
In Vorarlberg bestiegen wir einen Zug und fuhren durch die verschneiten Alpen nach Kärnten. Ich war beeindruckt von der Landschaft meiner neuen Heimat, die ich bislang nur von Postkarten kannte, die uns mein Vater von vorhergehenden Aufenthalten geschickt hatte. „Papi, guck mal …, Papi, guck mal …" Immer wieder wies ich ihn mit diesen Worten auf die Schönheit um mich herum hin, die mich schier überwältigte. „Du wirst jetzt bald selbst ein Österreicher sein und darum darfst du nie wieder ‚guck mal' sagen", klärte er mich auf. Sprach man

hier nicht Deutsch? „Was Deutschland und Österreich trennt, ist die gemeinsame Sprache." Wie wahr! Das Diktum von Karl Kraus sollte sich für mich bald bewahrheiten. Meine Art, Deutsch zu sprechen, fanden meine Schulkameraden befremdlich. So setzte ich alles daran, als erste Fremdsprache „Kärntnerisch" zu lernen, was mir bald auch ganz gut gelang. Ich sprach es allerdings nie zu Hause, das getraute ich mich nicht. Hier behielten wir das Hochdeutsche bei.

In Pörtschach am Wörthersee bezogen wir für rund einen Monat das Hotel Werzer. Mein Vater hatte zwar zuvor schon ein Haus am Westrand von Klagenfurt erworben, das war allerdings noch nicht fertig gebaut. Gleich am nächsten Morgen statteten wir dem Haus jedoch einen Besuch ab. Zum ersten Mal stand ich nun dort, wo ich die nächsten zwölf Jahre sein würde – für die Dauer eines Lebens eine verhältnismäßig kurze Zeit. Sie sollte mich jedoch in meinem Herzen zum Kärntner machen. Noch heute verbinde ich mit dem Begriff Heimat Kärnten. Trotzdem bin und bleibe ich Schlesier. Das Kärntner Haus meiner Eltern ist in der Familie geblieben und ich verbringe nach wie vor so viel Zeit wie möglich dort.

Damals, Anfang 1951, roch das Haus noch an allen Ecken und Enden nach Mörtel und frisch aufgetragener Farbe. Überall lag Werkzeug herum. Tatsächlich eingezogen sind wir dann am 4. Mai desselben Jahres. Natürlich war das Haus nicht annähernd so repräsentativ wie die Schlösser meiner Familie oder ihrer Freunde, in denen ich bislang gewohnt hatte. Meinen Eltern gelang es jedoch, hier eine Atmosphäre zu schaffen, in der wir uns sehr wohl fühlten. Sie waren bislang ein sehr feudales Leben gewöhnt gewesen und hatten alles verloren, was zum Teil seit Jahrhunderten zu den Besitzungen der Familie gehört hatte. Dieser Verlust hatte sie mit Sicherheit geprägt, wenngleich niemand viel darüber sprach, außer vielleicht in historischem Zusammenhang.

Die Großmutter mütterlicherseits,
Else von Zitzewitz

Der Großvater mütterlicherseits, Gerhard von
Zitzewitz, auf der Kaiser-Jacht „Hohenzollern",
ca. 1908

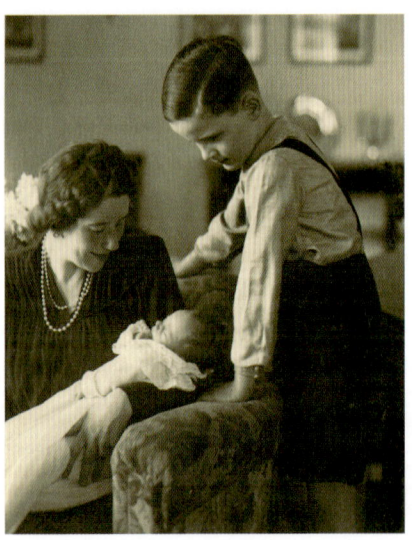

Schloss Romolkwitz lag ca. 40 km westlich von Breslau. Existiert heute nicht mehr.

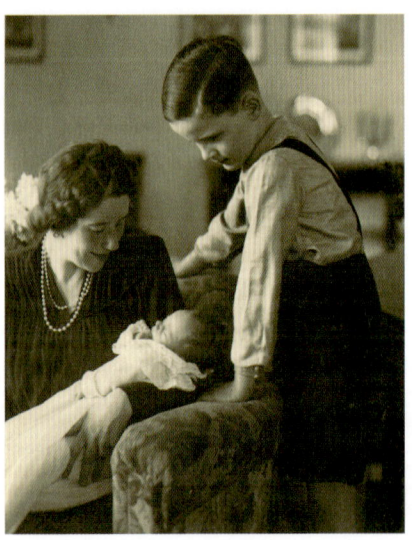

Mit Mutter und Bruder am Tag der Taufe,
11. Februar 1943

Mit Vater und Bruder, Ende August 1943

Im Tarnowitzer Schlafzimmer

Im Tarnowitzer Salon, Frühjahr 1944

Mit Vater und Bruder am Hochtor der Großglockner
Hochalpenstraße, 1951

Mit den Eltern in Kärnten

Ein „offizielles Foto" als Gymnasiast

Mit den Eltern bei einem Geburtstag in
der Gymnasialzeit

Der Salonlöwe, ca. 1972

Mit Schenker T-Shirt, romanische Kirche in den Pyrenäen

Familienbild anlässlich des 85. Geburtstags der Mutter, mit Bruder, Schwägerin und Neffen

Es war im Grunde nur natürlich, dass sie nach allem, was sie erlebt hatten, hier wieder ein Stück ihrer alten Heimat, die sie unter so tragischen Umständen verloren hatten, erstehen lassen wollten. So möblierten sie ihr neues schönes Haus zumindest mit Gegenständen, die aus Familienbesitzungen in Niederösterreich und Oberschlesien stammten und im Schloss Wolfsberg zwischengelagert gewesen waren.

Schloss Wolfsberg hatte mein Ururgroßvater, Hugo I. Henckel von Donnersmarck, im Jahr 1846 erworben. Seit damals ist es im Besitz der Familie. Hugo I., ein sehr erfolgreicher Industrieller, hatte die einstige mittelalterliche Burg durch die renommierten Wiener Ringstraßen-Architekten Johann Romano und August Schwendenwein zu einem Schloss im Tudorstil umbauen lassen. Von hier bezogen wir also unsere Möbel und auch einige Bilder. Was wir sonst noch zum Leben benötigten, besorgten wir in Klagenfurt. Ich erinnere mich heute noch mit großer Freude an unsere Einkäufe bei der Firma Riedel am Alten Platz, dem Porzellangeschäft Willner und der Kunsttischlerei Prause, die Möbel im historischen Stil herstellte.

Meinen Eltern gelang es nach und nach, wieder etwas von dem Leben, das sie früher gewohnt waren, herbeizuzaubern, auch in gesellschaftlicher Hinsicht. Das verdankte sich vor allem meiner Mutter, die im Gegensatz zu meinem Vater ein äußerst kontaktfreudiger Mensch war. Ihr gelang es mühelos, auf andere zuzugehen und sie für sich einzunehmen. Das lag meinem eher introvertierten Vater weniger. Bald schon standen meine Eltern also mit sämtlichen alten Kärntner Familien in regem Kontakt. Wie sich später herausstellte, war ihr Eintritt in die Kärntner Gesellschaft nicht unter guten Vorzeichen gestanden. Die Linie meiner Familie, die schon lange in Kärnten ansässig war, hatte sich durch allerlei Eskapaden nicht unbedingt beliebt gemacht. Als wir uns dann hier ansiedelten, soll eine Kärntner Dame gesagt haben: „Von denen (den Henckels,

Anm.) haben wir doch eigentlich schon genug hier!" Meine Eltern haben sie und auch viele andere nach und nach vom Gegenteil überzeugt.

Als wir in Kärnten ankamen, war ich gerade acht Jahre alt, jung genug, um mich problemlos einzugewöhnen, und alt genug, um das hier Erlebte auch zu memorieren. Von den Jahren davor habe ich nur vage Erinnerungen. Alles, was zeitlich gesehen vor Kärnten liegt, ist von einem Schleier des Vergessens bedeckt, der nur von Zeit zu Zeit – und ohne dass ich es bewusst steuern könnte – zerreißt und mir die Sicht auf das Vergangene freigibt. Es sind mehr Stimmungen oder Gefühlslagen aus jener Zeit, die in mir aufsteigen, als reale Erlebnisse. Ich bin mir tatsächlich nicht sicher, wie viel von meinen Erinnerungen aus Erzählungen im Kreis meiner Familie herrührt und in welchem Maße sie mit meinen eigenen Erlebnissen aus meiner frühsten Kindheit verschmolzen sind. Von der Zeit in Kärnten hingegen kann ich sagen, dass sie sich in mein Gedächtnis eingebrannt hat. Ab dem Zeitpunkt der Übersiedelung hierher setzt meine bewusste Erinnerung ein.

Die prägende Person meiner Kindheit war mit Sicherheit mein Vater. Meine Mutter hat uns mit ihrer mütterlichen Fürsorge ein warmes Nest gebaut, sie war die Erdhaftere und praktischer Veranlagte von beiden, der Vater war es jedoch, der für mich und wahrscheinlich auch für meinen Bruder Orientierung war. Ihm verdanke ich wohl auch meinen Glauben und die kirchliche Gesinnung.

Im Jahr 1905 geboren, gehörte er zu jener Generation, die zwei Weltkriege miterleben musste, Kriege, die sich gerade auch in seiner Heimat, in Schlesien, dramatisch auswirken sollten. Als Oberschlesien nach dem Ersten Weltkrieg zwischen Deutschland und Polen aufgeteilt wurde, fand sich die

Familie, deutschsprachige Schlesier, mit einem Mal in Polen wieder, was vor allem auch zu großen wirtschaftlichen Einbußen führte. Die Bergwerke, die seit mehr als 200 Jahren Besitz der Familie waren und denen sie auch ihren großen Reichtum verdankte, konnten nicht mehr so effektiv geführt werden wie früher. Schächte und Stollen befanden sich nun auf beiden Seiten der Grenze, auf der deutschen wie auch auf der polnischen, und das brachte natürlich auch technische und wirtschaftliche Schwierigkeiten mit sich.

Mein Vater maturierte im Matthias-Gymnasium in Breslau und hätte im Jahr 1920 als polnischer Staatsbürger Militärdienst absolvieren sollen, was er naturgemäß als Deutscher, als der er sich fühlte, nicht wollte. Um zu entgehen, rauchte er in Krakau, knapp bevor er bei der Stellungsbehörde vorstellig werden musste, drei Zigarren hintereinander und lief dann auch noch drei Stockwerke hinauf und wieder hinunter. Knapp danach präsentierte er sich bei der Stellung – und wurde für untauglich erklärt. So entging er dem Militärdienst eines Landes, das er nicht als seines empfand.

Heute bin ich mir eigentlich sicher, dass auch in ihm irgendwo die Berufung zum Priester geschlummert hat. Er war katholisch erzogen worden. Vor allem seine Mutter Wilhelmine, geborene Gräfin Kinsky, also meine Großmutter, hätte es sich vielleicht sogar gewünscht, dass er Geistlicher geworden wäre. Immerhin waren auch zwei ihrer Neffen aus der Familie Löwenstein Priester geworden. Mein Vater entschied sich schlussendlich zwar für ein wirtschaftswissenschaftliches Studium und wurde Diplomkaufmann, er hatte zuvor jedoch auch in Innsbruck scholastische Philosophie studiert. Das war ein hochspezialisiertes Studium, das die Jesuiten an der Universität eigentlich für Geistliche, die das Theologiestudium schon hinter sich hatten, konzipiert hatten, um ihnen die Möglichkeit zu geben, ein zusätzliches Doktorat zu erwerben. Und ein solches

Doktorat erwarb nun mein Vater. Zugleich mit ihm studierte dort sein Vetter und bester Freund, Karl Prinz zu Löwenstein. Die Begabung meines Vaters, den Glauben, die Theologie und die Kirche auf eine philosophische Weise, das heißt auf eine wissenschaftlich-rationale Weise zu vertreten und zu vermitteln, hat mein Leben nachhaltig geprägt. Er war imstande, meinem Bruder und mir den Glauben auf einem sehr hohen intellektuellen Niveau näherzubringen. Wir fühlten uns dadurch ernst genommen. Die Theologie war ein Thema, das bei unseren gemeinsamen Abendessen oder auf langen Spaziergängen oft zur Diskussion stand. Mein Vater beantwortete all unsere Fragen stets bereitwillig. Er enttäuschte uns nie.

Sonntags besuchten wir gemeinsam die heilige Messe. Ein Schlüsselerlebnis für mich war damals – und ich war da nicht älter als zehn Jahre – der Beginn der Reform der Liturgie, die dann im *Zweiten Vatikanischen Konzil* in den Jahren 1962–1965 ihren Abschluss fand und unter anderem dazu führte, dass die heiligen Messen nun auch in der Landessprache und nicht nur mehr auf Latein gelesen werden konnten. Beinahe zehn Jahre zuvor hatte Papst Pius XII. schon die Liturgie der Karwoche reformiert. Auch da war nun die Landessprache erlaubt. Der Bischof von Gurk-Klagenfurt hatte den Pfarrer von Maria Wörth, der liturgisch sehr engagiert war, damit beauftragt, die reformierte Liturgie anzuwenden. Die Lebendigkeit der neuen Liturgie – insbesondere in der Osternacht – ist ein unvergessliches Erlebnis für mich geblieben. Ich bin ein großer Freund des Lateinischen, deshalb aber auch kein Gegner der Landessprache.

Solche Ereignisse gaben uns immer wieder Anlass, um auch zu Hause über den Glauben zu diskutieren, und nicht nur dort. Wir besuchten auch regelmäßig das Katholische Bildungswerk im Saal der Wirtschaftskammer in Klagenfurt und hörten hier gemeinsam hochkarätige Vorträge von namhaften in- und ausländischen Theologen, Philosophen und Literaturwissenschaftlern. Auch aus diesen Vorträgen ergaben sich für uns wiederum Gesprächsstoffe, die abendfüllend waren.

Die Gespräche zu Hause, die wir auf sehr hohem Niveau auch gemeinsam mit Gästen meiner Eltern führten, empfand ich stets als äußerst anregend. Sie haben mich geprägt und wohl früh einen Samen in mich gepflanzt, der erst viele Jahre später zu keimen begann und in letzter Konsequenz den Schritt hin zu einem geistlichen Beruf bewirkte. Mein Vater war mein erster religiöser Lehrer. Vielleicht hat ihn mein Eintritt ins Kloster im Jahr 1977 weniger überrascht als mich selbst.

Ich habe ihn als sehr spirituellen Menschen in Erinnerung – und offenbar war ich nicht der Einzige, der das so empfand. Ich weiß, dass er einmal, nachdem in das Auto meiner Eltern eingebrochen und wertvoller Schmuck meiner Mutter gestohlen worden war, einen Hellseher aufsuchte, der ihm sagen sollte, wo nach dem Schmuck beziehungsweise dem Dieb zu suchen sei. Das gelang nicht. Der Hellseher hatte jedoch die Angewohnheit, seinen Klienten jeweils zu sagen, was sie in einem, wie er sagte, früheren Leben gewesen seien. Meine Mutter, meinte er, sei ein „Mädchen aus der Steppe" gewesen, was ihre Natürlichkeit und Spontaneität durchaus zutreffend beschrieb. Meinem Vater sagte er auf den Kopf zu, er sei Bischof von Worms gewesen. Weder meine Eltern noch ich haben an eine Wiedergeburt geglaubt, der Hellseher hat jedoch die Persönlichkeit meiner beiden Eltern recht zutreffend erfasst. Weshalb er damals überhaupt einen Hellseher aufgesucht hatte, kann ich mir eigentlich nicht erklären, vielleicht hat ihm ja jemand dazu geraten. Er selbst war ein Mensch, der sehr auf die zentrale Lehre des Glaubens bedacht war und sich nicht einmal von Heiligen als Schutzpatronen besonders beeindrucken ließ. Er hätte wohl nie vor einer Skulptur oder einem Bild des heiligen Antonius eine Kerze angezündet, in der Hoffnung, etwas Verlorenes wiederzufinden, wenngleich er auch tiefe Achtung vor den großen Gestalten unseres Glaubens hatte. Die Art und Weise der Verehrung, die ihnen bisweilen entgegengebracht wird, hielt er jedoch mehr für Folklore. Aberglauben wie auch Hellseherei lehnte er kategorisch ab. Auch dahingehend hat er mich sehr geprägt. Jahrzehnte später, als ich schon Abt von Heiligenkreuz war, musste ich in diesem Zusammenhang immer wieder an ihn denken. Im Stift wird entsprechend der *Regel des heiligen Benedikt* bei Tisch vorgelesen. Bei dem sogenannten Martyrologium wird jeweils über die Heiligen und Seligen, die am nächsten Tag in der Messe gefeiert werden, ein informativer Text vorgelesen. Dabei wird auch erwähnt, in welchen Anliegen sie als Schutzpatrone angerufen werden. Dass Florian etwa als Schutzpatron gegen das Feuer verehrt wird, hängt schlicht damit zusammen, dass er in der Enns ertränkt wurde und stets mit einem Wasserschaff dargestellt wird. Ein Mitbruder, seines Zeichens Professor für Kirchengeschichte, plädierte andauernd dafür, das als Aberglauben abzutun und den Glauben davon zu entrümpeln. Seine Argumentation, die der meines Vaters sehr ähnelte, leuchtete mir immer ein. Sie schloss nicht aus, dass man vor Menschen – Heiligen und Märtyrern –, die für ihren Glauben gestorben waren oder in anderer Weise Großes für Gott und die Welt geleistet hatten, nicht hohe Achtung haben sollte.

Mein Bruder und ich hatten in jedem Fall von Anfang an einen sehr philosophischen Zugang zum Glauben mitbekommen und das danke ich meinem Vater sehr.

Mein Vater starb im Jahr des großen politischen Umbruchs in Europa, als der Eiserne Vorhang fiel und die Berliner Mauer niedergerissen wurde. Als politisch äußerst bewanderten Menschen hätte ihn das sehr interessiert – und es hätte ihm wohl große Freude bereitet, dass Schlesien, seine alte Heimat, nun wieder ein Stück näher gerückt war.

Stärker nach außen hin, als das mein Vater getan hat, hat meine Mutter das Bild unserer Familie geprägt. Anders als er war sie sehr spontan und offenherzig. Sie ging in ihrer herzlichen Art auf Menschen zu. Diese Eigenschaft prädestinierte sie geradezu zu jener Tätigkeit, die sie jahrzehntelang ausübte. Sie war im ehrenamtlichen Dienst der Leitung der weiblichen Bereitschaft des *Roten Kreuzes Kärnten*. Dass sie mit sämtlichen öffentlichen Repräsentanten Kärntens, das damals überwiegend sozialistisch regiert war, in gutem Kontakt stand, brachte ihr bald den Namen einer „roten Gräfin" ein. Ein Topos, den mein Bruder aufnahm und sie in einer Rede anlässlich ihres Geburtstags als „Mutter Courage" betitelte. Sie starb im Alter von 85 Jahren. Bei ihrem Begräbnis betonte ein Vertreter des Landes in Anspielung darauf, dass sie ihren norddeutschen Akzent immer beibehalten hatte, dass sie sehr viel Gutes getan hätte für Kärnten, obwohl sie die Sprache des Landes nie erlernt hätte.

Vor allem durch meinen Vater war ich von frühester Jugend an mit sehr ernsthaften Themen, religiösen, aber auch historischen, kunsthistorischen, literarischen, genealogischen und heraldischen, konfrontiert worden. Doch so anregend ich diese Auseinandersetzungen auch fand und so belesen ich damals war, all das färbte nur wenig auf die für mich schreckliche Schule ab. Hier wurde man gequält mit Schulaufgaben, die ich fast nie machte, und mit Prüfungen, vor denen ich Angst hatte und die ich nur ab und zu bestand.

Ich war – im Sinne meiner Erziehung – Ministrant im Dom in Klagenfurt und auch sehr aktiv bei der Katholischen Mittelschuljugend, die die Jesuiten dort betreuten, zugleich aber, wie ich gestehen muss, ein katastrophal schlechter Schüler. Ich musste – ganz gegen meinen Willen – zehn und nicht nur die vorgesehenen acht Jahre aufs Gymnasium gehen, nicht etwa, weil ich so gerne dort war, sondern vielmehr, weil ich in Latein und Griechisch und manchmal auch in Mathematik, Fächern, die mich eigentlich interessieren hätten müssen, durchfiel. Immerhin war ich so später für mein Theologiestudium in Heiligenkreuz exzellent vorbereitet, weil ich mich damals ja mehr nolens als volens mit beiden Sprachen eingehend hatte beschäftigen müssen. Ich konnte zu Beginn meines Studiums letztendlich auf acht Jahre Latein und sechs Jahre Griechisch verweisen und nicht etwa nur auf sechs und vier wie andere Gymnasiasten.

Für die mündliche Matura wählte ich dann blind eine der beiden Sprachen, weil mir ohnehin klar war, dass ich schriftlich in keiner bestehen würde – so war es dann auch – und ich in Griechisch und Latein daher noch die mündliche Matura würde machen müssen.

Offen gestanden war ich ein sehr fauler Schüler. Dennoch mochten mich meine Lehrer, was unter anderem sicher meiner guten Erziehung geschuldet war. Ich war nie aufmüpfig, rebellisch oder gar unhöflich gewesen. Daher unterstützten sie mich auch, so gut sie konnten. Für manche außerhalb der Schule erweckte ich wohl den Eindruck eines Strebers, war aber das exakte Gegenteil davon. In gewisser Weise half mir das aber bei manchen meiner Lehrer. Meinem Mathematikprofessor verdanke ich etwa auch die bestandene schriftliche Matura in seinem Fach. Er beaufsichtigte die Prüfung und begleitete mich wirksam mit aufmunternden Bemerkungen: „Das ist richtig, Henckel!", raunte er mir nach dem ersten und dem zweiten gerechneten Beispiel ins Ohr und das half mir tatsächlich sehr.

Meine Lehrer bauten mir mit ihrer entgegenkommenden Fragestellung auch bei der mündlichen Matura geradezu goldene Brücken, um mir ein Bestehen zu ermöglichen. In Griechisch zum Beispiel bekam ich eine Stelle aus der Apostelgeschichte, die Predigt des heiligen Stephanus vor seiner Steinigung, in der er das Alte Testament Revue passieren lässt, um es auf Christus zu beziehen. Sie bezog sich auf eine Episode aus dem Alten Testament, in der beschrieben wird, wie die Tochter des Pharao Moses aus dem Bastkörbchen rettet (Ex 2,5.7–10). Dankbar ergriff ich den „Rettungsanker", den man mir in der berechtigten Vermutung, dass ich über den Inhalt bestens Bescheid wüsste, zugeworfen hatte.

Auf der Maturareise fragte ich meinen Griechischprofessor, weshalb man mir so geholfen hätte. Er antwortete mir, dass es ihm und wohl auch anderen Lehrern gefallen hätte, dass ich stets so großes Interesse an Dingen gehabt hätte, die über den reinen Lehrstoff hinausgingen, etwa an geistesgeschichtlichen oder auch historischen Themen. Das hätte sie für mich eingenommen. Im Grunde hatte er recht damit. Ich hatte ja kein prinzipielles Desinteresse an Inhalten gehabt, es war mir nur stets zu mühsam gewesen, mir das Handwerkszeug etwa in Form von Vokabeln und Grammatikregeln anzueignen.

Später einmal habe ich meine Eltern gefragt, weshalb sie nicht strenger mit mir gewesen wären während meiner Schulzeit, nicht mehr mit mir geschimpft hätten. Ihre Antwort: „Wir waren eigentlich ganz froh darüber, weil du auf diese Weise zwei Jahre länger bei uns zu Hause geblieben bist!" ist ein Dokument ihrer liebenswürdigen Art, mit der sie meinen Bruder und mich großgezogen haben. Sie haben wohl genau gewusst, dass meine Probleme vor allem auf meine Faulheit zurückzuführen waren, das wirkte sich aber nie negativ auf unser liebevolles Verhältnis aus. Es gab zwar ermahnende und gelegentlich auch strenge Worte, nie jedoch restriktive Maßnahmen welcher Art auch immer, kam ich mit schlechten Noten nach Hause. Und das passierte recht oft. Im Gegenteil, die Eltern erlaubten mir, zu einer Zeit, als ich alles andere als durch schulische Erfolge glänzte, sogar, nach Wien zu fahren, um mir in der Stadthalle ein Konzert von Benny Goodman anzuhören. Ich war lange schon ein eingefleischter Jazzfan, die Radiosendung *The Voice of America* tönte Abend für Abend aus meinem Radio in meinem Zimmer, und Benny Goodman live zu erleben, war das höchste Glück, das ich mir damals vorstellen konnte. (Heute würde ich Duke Ellington vorziehen.) Um ihnen meine sich ins Unermessliche steigernde Dankbarkeit für diese Großzügigkeit zu erweisen, versprach ich meinen Eltern prompt, am darauffolgenden Tag ins Burgtheater zu gehen und mir Schillers *Wallenstein* anzusehen. Ich hatte kalkuliert, dass sie mir dann die Entschuldigung, die ich für die Unterrichtsstunden, die ich so versäumen würde, brauchte, leichteren Herzens schreiben würden. So war es dann auch. Ob sie den wahren Grund für mein Fernbleiben angegeben oder gelogen haben – eine lässliche Sünde, denke ich –, weiß ich heute nicht mehr. Ähnliches Verständnis für meine Jazzleidenschaft durfte ich später in meiner Zeit als junger Mönch erfahren, als mir Prior Gerhard erlaubte, mit einem Mitbruder das Konzert von Stevie Wonder zu besuchen.

Beim Essen beim Wallerwirt in Pörtschach anlässlich meiner bestandenen Matura im Juni 1963 hatte mich mein Vater explizit dazu aufgefordert, bei meiner Bestellung nicht auf die Preise zu schauen. Ich entschied mich für einen Krabbencocktail, für mich damals der Inbegriff des Luxus. Als ich ihn bedächtig und der Würde des Moments angemessen verzehrte, wurde mir zum ersten Mal in aller Deutlichkeit bewusst, dass ich die Matura nun bestanden hatte und mir die Welt offenstand!

Militärdienst

Nach bestandener Matura musste ich als österreichischer Staatsbürger meinen Wehrdienst leisten – um zwei Jahre später als viele meiner Freunde, die das Gymnasium weniger lange besucht hatten als ich. Ich meldete mich zur Aufklärung, die zur Panzertruppe zählte und deren Aufgabe, kurz gesagt, darin bestand, im Gelände Informationen über potenzielle und tatsächliche Gegner zu beschaffen und auszuwerten. Die Aufklärungstruppe galt als legitime Nachfolgerin der einstigen Kavallerie, die fest in adeliger Hand gewesen war. Insofern fühlte ich mich bei dieser Truppe recht wohl und fand dort auch einige Freunde vor.

Knapp vor meiner Einberufung war ich mit meinem Vater noch auf der Jagd auf den Besitzungen seines Bruders im Ybbstal gewesen. Von dort fuhr ich dann mit einem Ticket, das ich vom Österreichischen Bundesheer bekommen hatte, zuerst mit dem Zug nach Maria Lanzendorf. Dort wurde ich mit anderen auf einen Lkw verladen – „verladen" trifft es ziemlich genau, weil wir uns ab jenem Zeitpunkt entindividualisiert, in gewisser Weise versachlicht fühlten – und in die Kaserne in Zwölfaxing gebracht. Schon diese Fahrt war ein im wahrsten Sinn des Wortes martialisches Erlebnis, das sich in der Kaserne dann noch steigerte. Dort war noch immer – zumindest empfand ich es so – die Atmosphäre von 1945 gegenwärtig, obwohl ja inzwischen beinahe 20 Jahre vergangen waren. Die Kaserne selbst war von den Nazis gebaut worden. Daneben standen noch die Baracken, welche die Sowjets nach 1945 errichtet hatten. Untergebracht waren wir abwechselnd in beiden. Auf dem Gelände gab es auch zerbombte Gebäude, die nicht wiederaufgebaut worden waren und den Eindruck eines Kampfgeländes vermittelten.

Ich hatte mich von Anfang an ein Jahr freiwillig zur Ausbildung zum Reserveoffizier gemeldet. Ich versprach mir davon interessantere Aufgaben als beim normalen Dienst. Ich bin nicht das, was man den „geborenen Soldaten" nennt, und ich hatte auch nie vor, Berufsoffizier zu werden. Die Zeit dort hat mir jedoch gutgetan, sie brachte mich, der ich nie sehr sportlich war, wie man so schön sagt, auf Trab. Meine körperliche Verfassung verbesserte sich stark. Daher war ich nach dem Ende meines Militärdienstes im Jahr 1965 sogar in der Lage, den Kärntner Vierbergelauf, eine um 1500 beschriebene Wallfahrt über den Magdalensberg, den Ulrichsberg, den Veitsberg und den Lorenziberg, die sich über 50 Kilometer erstreckt und im Idealfall 17 Stunden dauert, mitzumachen. An die 2500 Höhenmeter muss man dabei überwinden. Leider ließ ich mir die sportliche Betätigung nicht nachhaltig zur Gewohnheit werden.

Zum anderen fühlte ich mich beim Heer zum ersten Mal in meinem Leben erwachsen, schon weil ich mich nicht mehr in der Obhut meiner Eltern befand. Es mag eigenartig klingen, aber ich glaubte mich trotz der strengen Kommandostruktur beim Heer sehr selbstständig und empfand mich als mein eigener Herr.

Ein vielleicht interessanter Aspekt am Rande: Erst beim Heer wurde ein richtiger Österreicher aus mir. Das Land, für das ich diente, war zwar schon seit gut zehn Jahren der Ort, an dem ich wohnte, auch gerne wohnte; doch erst jetzt verband ich das Wort „Heimat" damit. Erst der Militärdienst vollendete in mir das Bewusstsein, Österreicher zu sein. Wenn Österreich gegen Deutschland Fußball spielte, hielt ich seit damals zu Österreich. Allerdings muss ich zugeben, dass ich auch schon bei der Fußball-Weltmeisterschaft 1954 sehr stolz auf den dritten Platz von Österreich war, wohingegen der Sieg Deutschlands mich eher kalt ließ. Leider hat man diesbezüglich als Österreicher jedoch seit 1954 wenige Gründe zum Feiern – von Córdoba einmal abgesehen.

Obwohl ich sehr religiös erzogen worden war, brachte der Militärdienst keinerlei Gewissenskonflikte für mich mit sich. *Si vis pacem, para bellum* – „Wenn du Frieden willst, bereite den Krieg vor!", lautet ein lateinisches Sprichwort unbekannten Ursprungs, das womöglich aber schon in Platons *Gesetzen* grundgelegt ist. Der große Denker der Antike fordert hier, dass man bereits zu Zeiten des Friedens den Krieg einüben solle, um eben jenen Frieden bewahren zu können (Platon, Gesetze 829,2a). Und auch der heilige Augustinus, Gelehrter und Kirchenvater, vertritt die Theorie, dass der Krieg lediglich ein Mittel zum Frieden ist, auf den wir als Menschen von Natur aus zielen (Augustinus, De civ. Dei 19,12). Gerade während meiner Dienstzeit beim Bundesheer tagte das *Zweite Vatikanische Konzil*, dessen Verlauf ich aufmerksam verfolgte. Dieses Konzil hat im Dokument *Gaudium et spes* (*Freude und Hoffnung*) im Punkt 79 das Recht auf Verweigerung des Militärdienstes anerkannt, aber genauso festgehalten, dass der Soldat der Sicherheit und Freiheit der Völker dient und zur Festigung des Friedens beiträgt. Dem stimme ich auch heute noch voll und ganz zu. Man muss sich rüsten, um ein Ausbrechen der Gewalt überhaupt erst zu verhindern. „Das Leben hört auf, lebenswert zu sein, wenn es nichts gibt, für das es sich zu sterben lohnt." So hat es einmal Papst Benedikt XVI. in einer Rede an Soldaten formuliert.

Selbstverständlich bin ich gegen Krieg, man hat jedoch das Recht oder vielmehr sogar die Pflicht, all das zu verteidigen, was einen Wert darstellt: die Familie, die Heimat und natürlich auch Inhalte, denen man verpflichtet ist. Einfach nur zuzusehen, wenn all das gefährdet ist, wäre Unterwerfung unter das Böse. Es besteht durchaus ein Anspruch auf Aktion gegen

Gewalt. Ich jedenfalls habe das damals schon so empfunden und habe meine Meinung diesbezüglich nie revidiert, sondern bestätigt gefunden.

Das ambivalente Verhältnis zwischen Kirche und Krieg drückt sich für mich auch in der Militärseelsorge aus, die stets ein wichtiger Bestandteil des Militärs war. Die erste Pilgerfahrt meines Lebens nach Lourdes machte ich zusammen mit Soldaten. Ich nahm an der alljährlich stattfindenden internationalen Soldatenwallfahrt teil. An die 30.000 Soldaten aus aller Herren Länder beten dort jedes Jahr für den Frieden.

Durch die Militärseelsorge erreicht die Kirche jährlich viele junge Menschen, Männer und nun auch Frauen, im Grunde zum letzten Mal in so effizienter Weise. Der Militärseelsorger ist so etwas wie ein religiöser Erzieher, der sich der Soldatinnen und Soldaten annimmt und sie mitunter auch für den Glauben und die Kirche gewinnen kann. Es gibt Jahr für Jahr mehrere Tausend Soldaten in Österreich, die sich, angeregt durch den Kontakt mit dem Militärseelsorger, firmen lassen. Ich halte das für eine große Chance für die Kirche, den Durchschnitt der österreichischen Bevölkerung noch einmal für ein Jahr lang seelsorglich ansprechen zu können. Das war auch der Grund, weshalb ich bei der Volksbefragung im Jänner 2013 nicht, wie ich ursprünglich vorhatte, für ein Berufsheer gestimmt habe, sondern für die allgemeine Wehrpflicht. Großartig finde ich, dass man heutzutage auch die Möglichkeit hat, seinen Präsenzdienst als Zivildiener zu absolvieren. Letztere leisten einen entscheidenden Beitrag bei Hilfsorganisationen wie etwa dem *Roten Kreuz*, ein Faktum, das auch meine Mutter, die ja in leitender Funktion beim Kärntner *Roten Kreuz* war, immer wieder betonte.

Studium in Wien

Die Hochschule für Welthandel war damals das angesehenste Institut für das Studium der Wirtschaftswissenschaften in Österreich. Mein Vater war ein sehr gläubiger Mann, der womöglich sogar selbst einmal mit dem Beruf eines Geistlichen geliebäugelt hat, zugleich aber ein Mann der Wirtschaft. Und auch mein Bruder hatte zwar Jus studiert, war jedoch in die Wirtschaft gewechselt und jahrzehntelang bei der *Lufthansa* kaufmännisch tätig gewesen. Er war dann in leitender Funktion bei der Fluglinie tätig, und zwar in Köln, New York, Brüssel, München und Berlin. Wirtschaft zu studieren war für mich also der vorgegebene Weg. Es erschien mir als normal, mich für ein Studium zu entscheiden, das einem ermöglichen sollte, einen positiven Beitrag für die Gesellschaft leisten zu können, und nicht etwa für ein Fach wie Geschichte oder Philosophie, das mich womöglich mehr interessiert hätte. Ich war jung, wollte etwas erreichen, etwas bewegen, das Bruttonationalprodukt durch mein Tun vermehren. Alles in allem vertrat ich als Kind der Wirtschaftswunderzeit nach dem Zweiten Weltkrieg wohl eine gewisse Art von trivial-materialistischer Grundeinstellung. Die oberste Maxime lautete, am Wiederaufbau teilzuhaben und wirtschaftlich-unternehmerisch tätig zu sein. Als junger Mann hatte ich keine ethischen Bedenken, was die Wirtschaft betraf, weil ich davon ausging, dass sie von staatlichen Gesetzen getragen sei, diese auch eingehalten würden und die Wirtschaft gut liefe. Ich denke, für die damalige Zeit traf das im Großen und Ganzen ja auch zu.

Naturgemäß begann ich meine sehr positive Einstellung gegenüber der Wirtschaft im Zuge der 68er-Bewegung zu hinterfragen, die mit Sicherheit einen geistesgeschichtlichen Umschwung einleitete, auch bei mir. Die antiklerikalen Tendenzen jener Bewegung hieß ich natürlich nie gut, auch damals nicht, andere kritische Ansätze waren jedoch durchaus ein Denkanstoß für mich. Sie fanden meine Zustimmung. Es wäre allerdings zu viel gesagt, würde ich behaupten, ein Kind der 68er-Bewegung gewesen zu sein, dazu hatte ich sowohl durch meine religiöse Erziehung als auch mein Studium ausreichende Argumente gegen diese Protestbewegung zur Hand.

Die Entscheidung, an der Hochschule für Welthandel zu studieren, mag aus sehr pragmatischen Überlegungen zustande gekommen sein. Es war jedoch so, dass mir die Wirtschaft zu einem Anliegen wurde, ja von jeher eine Saite in mir zum Klingen gebracht hat, die wohl aus der Tradition meiner Familie kommt. Ich bereue es also keineswegs, dass ich tiefer in die Wirtschaftswissenschaften eingedrungen bin und sie dann acht Jahre lang auch praktiziert habe. Was ich in dieser Zeit gelernt habe, konnte ich später in mein klösterliches Leben integrieren und für die Kirche und unser Kloster nutzbar machen.

Das Studium an sich bereitete mir auch große Freude, schon weil ich wirklich brillante Lehrer hatte, die etwas verstanden von ihrem Fach und uns das auch vermitteln konnten. Der Fokus lag zwar auf der Betriebswirtschaftslehre, die uns als faszinierende Wissenschaft präsentiert und in der die Zusammenhänge zwischen Finanzen, Markt und Produktion systematisch aufgearbeitet wurden. Jedoch auch Volkswirtschaft war ein großes Thema. Ich beschäftigte mich damals intensiv mit der Lehre von Karl Marx – schon um sie fundiert kritisieren zu können.

Dann kam selbstverständlich der Sprachunterricht dazu. Ich wählte Spanisch und Englisch. Spanisch war neu für mich, Englisch hatte ich schon in der Schule gehabt. Meine Kenntnisse in dieser Sprache verdankte ich hauptsächlich jener Sendung, die ich als eingefleischter Jazzliebhaber bereits während meiner Schulzeit regelmäßig gehört hatte: *The voice of America*.

An der Hochschule für Welthandel wurde seinerzeit auch schon EDV als Wahlfach angeboten, was ich auch belegte und mit Interesse verfolgte. Dies ging so weit, dass ich – ich muss gestehen, in völliger Überschätzung meiner Fähigkeiten – an der Technischen Universität als externer Hörer einen Kurs für moderne Rechentechnik inskribierte, der ganz bewusst nicht für Techniker, sondern für Kaufleute wie mich konzipiert war. Zwei Vorlesungen lang versuchte ich mich in die Materie zu vertiefen, jedoch ohne Erfolg. Dann ließ ich es blieben. In einem zweiten Anflug von Größenwahn begann ich nebenbei Jus zu studieren, um später einmal Wirtschafts- oder Patentanwalt werden zu können. Auch dieser Versuch war nicht von nachhaltigem Erfolg gekrönt, wenngleich mich der rechtshistorische Abschnitt mit Fächern wie Römisches Recht, Deutsches Recht und Kirchenrecht brennend interessierte. Für die erste Staatsprüfung bereitete ich mich aber dennoch nicht in dem Ausmaß vor, das angemessen gewesen wäre – und fiel durch. Einige meiner aristokratischen Freunde, die Jus studierten und bei meiner Prüfung zugehört hatten, beschimpften mich daraufhin regelrecht. Ich hätte das Renommee der „Aristos", das sie mühsam bei den Professoren aufgebaut hätten, mit meiner Prüfung stark beschädigt!

Insgesamt empfand ich die Kombination der Fächer an der damaligen Hochschule für Welthandel für ausreichend und zugleich auch für überaus anregend. Ich profitierte davon auch sehr für mein Berufsleben danach. Ich konnte die Dinge, die ich dort gelernt hatte, ganz konkret umsetzen und anwenden.

Für meine Diplomarbeit wählte ich ein betriebswirtschaftliches Thema und schrieb über die Finanzierung eines öffentlichen Betriebes, genauer die Stadtwerke von Klagenfurt. Ich

schloss mein Studium also mit einer wirtschaftswissenschaft-
lichen Analyse als Diplomkaufmann ab. Im Stil der Zeit wollte
ich keine Sponsionsfeier über mich ergehen lassen und ließ mir
die Urkunde per Post zuschicken – auch ich war nicht ganz frei
von der Devise: „Unter den Talaren – Muff von tausend Jahren".

Schon während meiner Militärzeit war ich dem St. Johanns
Club beigetreten, der unter der Patronanz des Malteserordens
steht. Gegründet war er im Jahr 1954 von den Kindern und
Enkeln derer worden, die früher in der *Vereinigung der katholischen Edelleute* tätig gewesen waren, die von den Nazis aufgelöst und nach 1945 nicht wiedererrichtet worden war. Zwei
Drittel seiner Mitglieder entstammten adeligen Familien. Hier
traf man sich zwecks geselligen Beisammenseins und geistiger Weiterbildung. Zu seinem erklärten Ziel hatte sich der
Club gesetzt, die Aristokratie nach den Traumata von 1918
und der Zeit von 1934 bis 1945 mit der Republik Österreich
zu versöhnen. Es ging nicht etwa um Nostalgie, sondern vielmehr darum, Netzwerke zu bilden und einander zu fördern,
um dem Staat als Wirtschafter, Diplomaten, Beamte oder Wissenschaftler zu dienen und sich ihm zugehörig zu fühlen. Der
St. Johanns Club war im Großen und Ganzen als Versöhnungs-
projekt mit den neuen Zeiten und der aus ihnen entstandenen
Republik angelegt worden. Auch mein Bruder, der 1955 nach
Wien gekommen war, gehörte diesem Club an. Er war ihm ein
Jahr nach seiner Gründung beigetreten. Als ich nun in Wien
meine Studien aufnahm, intensivierte ich mein Engagement
für den Club.

Ich verdanke dem St. Johanns Club sehr viel. Ich fand dort
viele gute Freunde, andere traf ich dort wieder und zudem
wurde ich schon im ersten Jahr meiner Mitgliedschaft in den
Ausschuss gewählt und mit der Vergabe von Wohnungen betraut. Der St. Johanns Club hatte nämlich in seinen Anfangs-

zeiten einen Vertrag mit dem Stift Seitenstetten gemacht, der ihm für rund 20 Garçonnièren im Seitenstettnerhof im ersten Wiener Gemeindebezirk das Vormietrecht einräumte. Für die Vergabe dieser Wohnungen, die aus einem Zimmer, einer Kochnische und einem Bad bestanden, war ich nun zuständig, auch hatte ich bereits selbst eine bezogen. Für Studenten waren die Wohnungen ideal und darum auch heiß begehrt, was nicht bedeutete, dass ich mich auf Anhieb in den Dingen des alltäglichen Lebens zurechtfand. Ich weiß noch, wie es war, als ich mir, entschlossen, mich nun selbst zu versorgen, eine Dose Ravioli kaufte und sie so wie sie war, also ohne sie vorher zu öffnen und in ein geeignetes Kochgeschirr umzufüllen, einfach auf den Herd stellte und denselben aufdrehte. In der Erwartung meines ersten selbst gekochten Abendessens verließ ich die Kochnische, um schnell noch andere Dinge zu erledigen. Was zu erwarten war, passierte auch: Es gab einen riesigen Knall und die Dose samt meinen Ravioli explodierte. Die Kochnische musste neu ausgemalt werden. Ich habe seit damals nie wieder versucht zu kochen.

Im St. Johanns Club lernte ich unter anderem auch, wie man Sitzungen organisiert und hält, wie man eine Tagesordnung abarbeitet, wie man im Zuge einer solchen Sitzung Emotionen weitgehend aus dem Spiel lässt, um der Sachlichkeit den Vorzug zu geben, alles Dinge, die mir später in meinem Berufsleben wie auch bei meinen geistlichen Ämtern sehr von Nutzen waren. Einmal pro Woche organisiert der St. Johanns Club sehr interessante Abendveranstaltungen, meist in Form von Vorträgen. Selbst heute, da ich ja als Altabt nun nicht mehr im Stift, sondern im Heiligenkreuzerhof in Wien wohne, esse ich häufig dort und gehe auch gerne zu den Vorträgen, die regelmäßig stattfinden. Manchmal darf ich auch selbst zu religiösen Themen referieren.

Zu dieser Zeit war es auch, dass sich das Verhältnis zu meinem Bruder entspannte und ganz entschieden verbesserte. Leo und ich hatten als Kinder kein sehr enges Verhältnis zueinander gehabt, was sich höchstwahrscheinlich dem großen Altersunterschied von doch sieben Jahren verdankte. Ich denke, ich ging ihm damals regelrecht auf die Nerven. Erst als wir beide erwachsen waren, intensivierte sich unser Kontakt. Da lernte ich unter anderem seine humorvolle Art wirklich zu schätzen. Wir hatten viele gemeinsame Freunde. Noch während meiner Studienzeit heiratete er Anna Maria von Berg, die ursprünglich aus Ostpreußen stammte und wie wir ein Flüchtlingskind war. Auch mit ihr verstand ich mich von Anfang an blendend, ich verehre sie geradezu auch heute.

Abgesehen von meinen Tätigkeiten im und für den St. Johanns Club engagierte ich mich während der Zeit meines Studiums weniger für die katholische Kirche. Ich besuchte zwar sonntags regelmäßig die heilige Messe, gehörte aber ansonsten keiner katholischen Organisation – auch keiner Hochschulverbindung – an wie seinerzeit in Klagenfurt, als ich noch Mitglied der Katholischen Mittelschuljugend gewesen war. Mein Leben war ein sehr weltliches geworden und ich denke, dass ich jener Zeit den Beinamen des „Salonlöwen" verdanke, der mir später noch, als ich bereits ein Mann der Kirche war, anhing. Ich besuchte Bälle, war ein gern gesehener Gast auf diversen Cocktailpartys, die Wochenenden vertrieb ich mir mit Freunden beim Skifahren, Wandern oder Baden, je nach Jahreszeit. Ich genoss das Leben in einem solchen Ausmaß, dass es eine Lüge wäre, zu sagen, ich hätte meine Studienziele nicht ab und zu ein wenig aus den Augen verloren. In der Mindestzeit erledigte ich die Handelswissenschaften in jedem Fall nicht – in dem Punkt konnte ich ja spätestens seit meiner Gymnasialzeit auf eine traurige Tradition zurückblicken. Dafür lernte ich jedoch die unterschiedlichsten Menschen kennen – junge Herren und junge Damen –, mit denen mich zum Teil heute noch eine gute Freundschaft verbindet. Selbstverständlich verliebte ich mich auch immer wieder in die eine oder andere der jungen Damen, hatte das deutlich zu erkennen gegeben und auch eine Erwiderung der Gefühle erfahren. Nie überschritt ich aber jene Grenzen, die mir durch meine Erziehung und die katholische Moral vorgegeben waren. Manches ist nun einmal aus guten und vernünftigen Gründen der Ehe vorbehalten. An das Heiraten selbst dachte ich damals noch nicht. Dafür fühlte ich mich noch zu jung und zu unvermögend. Zuerst einmal wollte ich die weite Welt ein wenig kennenlernen und mir auch die materiellen Voraussetzungen für eine spätere Ehe und eine Familie erarbeiten.

Spediteur: Frankfurt und Barcelona

Nach dem – etwas hinausgezögerten – Abschluss meines Studiums in Wien bekam ich von meinem Cousin ein Angebot, wie mein Vater auch in der Henckelschen Vermögensverwaltung in Klagenfurt tätig zu werden. Das klang zwar verlockend, schon weil es mir eine dauerhafte Bleibe in der Heimat meiner Jugend ermöglicht hätte und ich auch bei meinem Vater hatte miterleben können, dass es sich dabei um eine durchaus erfüllende Tätigkeit handelte. Den Schritt in die große Welt, nach dem ich mich in meinem Innersten sehnte, hätte es jedoch mit Sicherheit nicht bedeutet, eher im Gegenteil. Ich war verunsichert und so zog ich einen Freund zurate, einen Grafen Meran, der damals in Klagenfurt gerade der *Bank für Kärnten und Steiermark* vorstand. Er riet mir vehement ab, weil er meinte, ich solle zuerst einmal Erfahrungen anderswo – außerhalb der Familie, in jener weiten Welt eben – sammeln. Er hielt das für essenziell für meine persönliche Entwicklung und mein Selbstwertgefühl. Danach könne ich ja immer noch nach Kärnten zurückkommen. Das kam mir sehr entgegen. Es entsprach im Grunde ganz meinen eigenen Vorstellungen.

Ich nahm mir seine Worte zu Herzen und die Stelle in Kärnten nicht an. Vielmehr schlug ich am darauffolgenden Wochenende die *FAZ* auf und studierte die Stellenanzeigen – auf 30 Seiten. 20 Anzeigen, die mich interessierten, schnitt ich aus, dann schrieb ich die Adressen an und bekam tatsächlich beinahe 20 Einladungen zu Vorstellungsgesprächen. Die Zeiten waren rosig für einen Diplomkaufmann wie mich. Womöglich finden auch heute Absolventen der Wirtschaftsuniversität relativ leicht einen guten Job, ich bin jedoch sicher, dass sie zumindest irgendwelche zusätzlichen Qualifikationen brauchen, um sich durchzusetzen. Damals, während des allgemeinen Aufschwungs, war es in jedem Fall kein Problem, gut unterzukommen.

Nach mehreren Gesprächen in Österreich, der Schweiz und in Deutschland hatte ich sechs hervorragende Angebote in der Tasche und entschied mich für eine Stelle in der Zentralleitung der Firma *Schenker & Co* in Frankfurt am Main, des in Deutschland mit Abstand größten Logistikdienstleisters, der den Warenverkehr auf dem Land-, Luft- und Seeweg gewährleistete. *Schenker & Co* war, kurz gesagt, eine Speditionsfirma – und ich nun Spediteur – nicht derjenige Gottes, aber immerhin.

Ein Spediteur verfügt übrigens über keine eigenen Transportmittel, er ist kein Transporteur, sondern vielmehr ein Agent – mit einem guten Adressbuch –, der seinen Kunden jeweils, seien diese nun die Produzenten selbst oder deren Abnehmer, eine perfekte Transportleistung von Haus zu Haus in einer Hand organisiert. Er kümmert sich auch um die Finanzierung, die Verpackung, die Verzollung und die Werbung, mit einem Wort um alles, was den Weg einer Ware von ihrem Produktionsort bis zu ihrem Abnehmer betrifft.

Die Spedition ist also ein Dienstleistungsbetrieb und steht gerade deshalb immer ein bisschen in der zweiten Linie. Ich denke, das ist die Ursache dafür, weshalb mich Hans Igler (1920–2010), seines Zeichens Ehrenpräsident der *Industriellen Vereinigung*, damals auch fragte, als ich ihm davon erzählte, dass ich bei *Schenker & Co* anfangen würde, ob ich mir eigentlich nicht zu schade sei für die Spedition. Das ging mir natürlich durch und durch, ich muss jedoch sagen, dass ich das später nie so empfunden habe.

Ich begann dort in der betriebswirtschaftlichen Abteilung für Organisation. Insgesamt hatte die Firma an die 10.000 Mitarbeiter, das Headoffice in Frankfurt rund 150, vergleichsweise wenig für ein so großes Unternehmen. Die Abteilung für Betriebswirtschaft leitete ein sehr sympathischer Herr, der mich in seiner zurückhaltenden Art ein wenig an meinen Vater erinnerte. Nach einem halben Jahr war ich dann Handlungsbevollmächtigter innerhalb der Organisationsabteilung, die zur betriebswirtschaftlichen Abteilung gehörte, und unterstand direkt dem Vorstand, der sich aus vier Mitgliedern zusammensetzte.

Ich hatte dort auch sehr nette jüngere Kollegen, unter anderen den Diplomkaufmann Seitz, der aus der DDR geflüchtet war. Mit ihm unterhielt ich mich immer wieder auch ausführlich über weltanschauliche Themen. Nach einem solchen Gespräch blickte er mich einmal mit ein wenig zusammengekniffenen Augen an und fragte: „Herr Henckel, haben Sie sich eigentlich nie überlegt, Priester zu werden?" Er war damit nach dem Salesianerpater Imhof in der Pfarre S. Martin, der wir in den Sechzigerjahren angehörten, der Zweite, der mich das fragte. „Nein! Niemals!", antwortete ich auch dieses Mal wie aus der Pistole geschossen. Wenig später im Zuge einer Malteser-Wallfahrt von Frankfurt aus fragte mich mein Onkel, Franz Löwenstein, der selbst Jesuit war, dasselbe. Ich sehe den südfranzösischen Bahnhof, an dem es zu jenem Gespräch kam, noch deutlich vor mir. Es war ein kleiner Bahnhof, typisch für eine Kleinstadt, mit Jugendstilmosaiken an der Wand. Wie auch bei den beiden letzten Malen reagierte ich irritiert und befremdet. Ich hatte bislang tatsächlich noch nie an eine geistliche Laufbahn gedacht, ganz im Gegenteil. Ich war drauf und dran, Karriere zu machen in einem Bereich, den ich mir ausgesucht hatte und der mich auch voll und ganz ausfüllte, der mir Freude bereitete. In meinem Verhalten und in meiner Art zu argumentieren musste jedoch damals schon etwas gewesen sein, das andere viel früher als mich hatte vermuten lassen, dass die Wirtschaft nicht meine letzte Berufung war. Es waren schicksalhafte Hinweise gewesen, die ich noch nicht als solche erkannte, die aber dennoch in mir zu arbeiten begannen. Nicht sofort, dafür aber umso nachhaltiger.

Ich lebte in Oberursel, das unmittelbar an Frankfurt angrenzt. Ich fuhr 20 Minuten mit der Bahn in unsere Zentrale, die direkt am Hauptbahnhof lag. Bis zur Ankunft hatte ich jedes Mal die *FAZ* aufs Genaueste studiert, war also stets bestens informiert. Die Organisationsabteilung, in der ich arbeitete, war stark auf das neu entstandene Rechnungszentrum hin orientiert. Ich kümmerte mich also um Datenverarbeitung – Gott sei Dank in nicht so theoretischer Weise wie auf der Hochschule für Welthandel oder gar auf der Technischen Universität, sondern in viel praktischerer Hinsicht. Zu den damaligen Zeiten wurden die Geschäftsvorgänge der einzelnen Filialen jeweils erfasst und in einem sogenannten Frachtbrief festgehalten. Die Daten, die dabei entstanden, stanzte man auf Lochstreifen. Jene landeten alle bei uns in Frankfurt und wurden hier eingelesen. Manchmal kamen sie zerrissen an und mussten mithilfe von Klebestreifen wieder geleimt werden. Die Löcher wurden nachgestanzt. In den Siebzigerjahren steckte die Datenverarbeitung eben noch in ihren Anfängen. Heute ist das kaum mehr vorstellbar.

Zu meinem Aufgabenbereich gehörte zudem die Umstellung der Finanz- und Lohnverrechnung sowie der Arbeitsplatzbeschreibungen auf Datenverarbeitung. Auch diese erfolgte mit Lochstreifen. Dann kam jedoch bald die Airway Bill, der Frachtbrief für die Luftfahrt, auf, bei dem die Daten erstmals elektronisch erfasst wurden. Daraufhin stellte *Schenker & Co* sein ganzes System auf die elektronische Datenverarbeitung um. Ich war an der Einführung jenes neuen Systems in unseren Filialen, aber auch in anderen Speditionsunternehmen maßgeblich beteiligt. Das war eine wichtige Funktion damals, weil die Umstellung bei anderen mittelständischen Unternehmen unterschiedlichster Branchen zu gravierenden Problemen geführt und sogenannte EDV-Leichen erzeugt hatte – Unternehmen, die sich mit der Umstellung übernommen hatten und dadurch in geschäftliche Schwierigkeiten gekommen waren. In ganz Deutschland war ich unterwegs, von Frankfurt aus fuhr ich nach Hamburg, nach Berlin, nach München und anderen Städten.

Drei Jahre blieb ich insgesamt in Frankfurt, dann wechselte ich nach Barcelona.

Aufgrund meiner Spanischkenntnisse und meines Drängens, die Zentrale zu verlassen und größere Verantwortung außerhalb Frankfurts zu übernehmen, ergab es sich, dass ich zu *Schenker Spanien* wechselte.

Die Zeit in Barcelona war mit Sicherheit die spannendste politische Phase meines Lebens. Ich war dort Zeuge des Übergangs der Diktatur unter dem damals noch amtierenden Franco (1892–1975) zu einer parlamentarischen Monarchie nach westlichem Vorbild. Als ich dort beruflich zu arbeiten begann, lebte Franco noch, zwei Jahre später gab es die ersten freien Wahlen seit dem Jahr 1936. Als ich 1977 von dort wegging, war die Demokratie unter Juan Carlos I. einigermaßen gefestigt und Adolfo Suárez Ministerpräsident.

Auch brodelte in Barcelona bereits die katalanische Unabhängigkeitsbewegung, das heißt, die Katalanen waren auch seinerzeit schon entschlossen, einen eigenen Weg zu gehen. Das ist also nichts Neues. Was die Wenigsten wissen, ist, dass die Einheit Spaniens ja ursprünglich von Barcelona ausging. Die Grafschaft Barcelona ist mit Sicherheit die älteste und am besten entwickelte Region Spaniens. Im Jahr 1136 heiratete Raimund Berengar, Graf von Barcelona (1113–1162), Petronilla, die Erbin von Aragonien (1136–1173), wodurch jene Staatsgemeinschaft entstand, die als *Krone Aragonien* mit der Hauptstadt Saragossa bekannt ist und noch im 12. Jahrhundert zu einer der bedeutendsten Großmächte im Mittelmeerraum aufstieg. 1469 heiratete Ferdinand von Aragonien (1452–1516) Isabella von Kastilien (1451–1504), was die Vereinigung Aragoniens mit Kastilien zur Folge hatte. Der erste Schritt zur Einheit Spaniens ist demnach den Katalanen geschuldet – und jetzt wollen sie nicht mehr dazugehören. Ich verstehe, dass sie auf eigenen Rechten und einer eigenen Kultur bestehen, finde aber trotzdem, sie sollten ein Teil Spaniens bleiben. Sie sind immerhin der älteste Teil Spaniens. Ähnliches habe ich vor gar nicht allzu langer Zeit bei einer *Paneuropa*-Konferenz, zu der ich eingeladen worden bin, geäußert. Ich bin gegen allzu große Nationalismen, die letztendlich dazu führen, dass hinter jedem Dorf eine Grenze errichtet werden muss.

Barcelona war über Jahrhunderte die Handelsmetropole Spaniens, also ein wichtiges kommerzielles Zentrum, und nicht Madrid, in dem eher das Militär, die Beamtenschaft, die Diplomatie und der Hof angesiedelt waren. Deshalb befand sich das Headquarter der Firma *Schenker & Co* auch in der katalanischen Hauptstadt. Es war jedenfalls in einem modernen Gebäude gegenüber der *Estació de França*, dem wichtigsten Bahnhof der Stadt, und dem *Palacio de Aduanas*, dem alten barocken Palast der Zollbehörde, untergebracht. Zu meiner Zeit residierte dort allerdings Juan Antonio Samaranch (1920–2010), seines Zeichens Präsident des katalonischen Regionalparlaments in Barcelona, den Franco von Madrid aus eingesetzt hatte. Später war er Präsident des Olympischen Komitees.

Das Gebäude lag im östlichen Teil der Altstadt Barcelonas, des *Barrio Gotico*, unweit des Hafens am Mittelmeer. Von meinem Büro aus, das wegen seiner hohen Lage gelegentlich als Adlerhort bezeichnet wurde, konnte ich beobachten, wie die

Fracht, um deren Transport wir uns gekümmert hatten, auch tatsächlich verladen wurde. Ich war unmittelbarer Zeuge des Logistikvorgangs selbst und konnte auch eingreifen, wenn einmal etwas schiefging, zum Beispiel ein Container beim Verladen auf das Schiff ins Wasser gefallen war. Mein Vorgänger bei *Schenker Spanien*, Direktor Lopatta, führte mich auch in die Praxis der Geschäftsführung ein. Er brachte mir etwas ganz Wesentliches bei: Auf den Tisch des Chefs kommen im Grunde nur Reklamationen. Er wird dann behelligt, wenn irgendetwas schiefgegangen ist, etwa irgendwo irgendwer etwas nicht richtig geschrieben oder nicht richtig gelesen hat. Schmunzelnd hatte er gemeint: „Lesen und schreiben müsste man können! Wer rechnen kann, wird sofort Direktor!" Das verifizierte sich auch immer wieder während meines späteren Lebens.

Die politischen Unruhen am Ende der Ära Franco führten immer wieder zu Streiks. Das hatte zur Folge, dass die Regierung Maßnahmen einleitete, die eine Militarisierung der Wirtschaft mit sich brachten. In so einem Fall galt nun nicht mehr das normale Zivil-, sondern das Militärrecht, was vieles verkomplizierte.

In Barcelona war ich zuerst als Finanz- und Verwaltungsleiter tätig, später als Geschäftsführer, und zwar zusammen in der Verantwortung mit dem Filialleiter von Madrid. Wir waren gleichberechtigt, teilten jedoch die Aufgabenbereiche unter uns auf. Während ich mehr für Rechnungswesen, Organisation und Marketing zuständig war, kümmerte er sich um die Spedition der Waren an sich. Zu meiner Aufgabe gehörte auch die Personalführung der rund hundert Mitarbeiter in den Filialen. Unter anderem bemühte ich mich dort um eine verbesserte Ausbildung der Lehrlinge, wie ich sie aus Deutschland und Österreich kannte. Ich forderte die Filialleiter dazu auf, einmal die Woche eine Stunde lang zu bestimmten Themen zu referieren. Sie profitierten davon selbst ungemein, wie sie mich einmal im Zuge einer Nachbesprechung nach der Frist eines Jahres wissen ließen. Die Vortragenden sind ja zumeist diejenigen, die dabei am meisten lernen, weil sie sich der Herausforderung, die Theorie auf die praktische Anwendung hin zu orientieren, sie aufzubereiten und ansprechend zu vermitteln, stellen müssen. Insofern war meine Lehrlingsinitiative in zweifacher Hinsicht von Erfolg gekrönt.

Schenker Spanien hatte fünf Filialen, unter anderem auch in Bilbao, Madrid und Valencia, die ich von der Zentrale in Barcelona aus betreute, sie also in regelmäßigen Abständen auch aufsuchen musste. Auf meinen Dienstfahrten zu den Filialen lernte ich Spanien natürlich gut kennen, nicht nur das Land selbst, sondern auch die Küche und die guten Weine. Ein bleibender Eindruck von damals ist für mich die Zeit der Orangenblüte in der Region von Valencia mit ihrem köstlichen Duft.

Ich genoss meine Zeit in Spanien sehr, fühlte mich recht heimisch dort. Bald schon nach meiner Ankunft in Barcelona war ich dem Club *Amigos de Viena* beigetreten, der es sich zur Aufgabe gemacht hatte, Österreicher, also nicht nur Wiener, und Spanier zusammenzubringen. Ich hatte so bald schon einen großen Bekannten- und Freundeskreis um mich geschart. Diesem Club, der, wie jeder andere wohl auch, nicht ganz ohne Intrigen auskam, verdanke ich die für mich interessante und grundlegende Erfahrung, dass man sich jeweils selbst ein Bild von einer Person machen muss und sich nicht auf die Meinung anderer verlassen darf. Sich auf die Informationen Dritter zu verlassen, ist kontraproduktiv. Ich war später im Rahmen meines klösterlichen Lebens oft dankbar dafür, diese Erfahrung bereits gemacht zu haben.

Für zwei Sommer mietete ich mir in Sitges, einem hübschen Städtchen am Meer, das rund 35 Kilometer südwestlich von

Barcelona liegt, ein kleines Appartement. Barcelona war von dort aus mit dem Zug leicht zu erreichen und schließlich lag mein Büro ja auch nicht weit vom Bahnhof entfernt. In den engen Straßen des alten Ortskerns von Sitges gab es gemütliche Lokale, die ich auch regelmäßig frequentierte. Ausdrücklich betonen möchte ich, dass Sitges damals noch nicht als Treffpunkt für Homosexuelle galt. Ich verbrachte meine Abende dort, jedoch oft auch am Strand, in einem Liegestuhl sitzend. Noch heute weiß ich, dass ich bei einer solchen Gelegenheit einmal Hermann Brochs Roman *Tod des Vergil* gelesen habe.

Ich führte ein unbeschwertes und sehr weltliches Leben damals. Auch verliebte ich mich wieder in eine junge Dame, zu einer Verlobung kam es jedoch nicht. Ich kann mir vorstellen, dass ich mich irgendwann dazu entschlossen hätte, ernsthaft auf Brautschau zu gehen, wäre mir meine Berufung zu einem geistlichen Leben nicht zuvorgekommen. Das entsprach durchaus dem Lebensmodell, das mir vorgeschwebt war – zu heiraten und Kinder zu zeugen. Dann wäre ich jetzt wohl ein stolzer Familienvater, vielleicht schon nach der goldenen Hochzeit. Dass es anders kam, habe ich jedoch nie bereut. Ich lebte insgesamt vielleicht auch ein wenig nach dem Motto Erich Kästners, der gesagt haben soll: „Ich kann nur eine Frau heiraten, die mich wirklich liebt. Aber eine Frau, die *mich* wirklich liebt, kann ich nicht heiraten!" Als ich später tatsächlich in Kloster ging, hinterließ ich auf jeden Fall keine trauernde Witwe, weder in Wien noch in Frankfurt oder Spanien.

Mit dem österreichischen Handelsdelegierten in Barcelona, Maximilian von Habsburg-Lothringen, mit dem ich eng befreundet war, bereiste ich auch in meiner Freizeit oft das Land. Gemeinsam besuchten wir Burgen, Schlösser, Kirchen und Kathedralen. Im Zuge dieser Exkursionen stießen wir immer wieder auch auf Klöster der Zisterzienser, die mich sehr beeindruckten. Damals schon. Es war vor allem die Architekturform im Übergang zwischen Romanik und Gotik, die mich in ganz besonderer Weise ansprach – nachhaltig ansprach …

Viele der ehemaligen Zisterzienserabteien fanden wir als Ruinen vor. Sie waren im Zuge der sogenannten *Desamortisation* im 19. Jahrhundert zuerst aufgehoben und dann zerstört worden. Diese Überführung des Kirchenguts in Nationaleigentum erreichte zwischen 1835 und 1837 einen traurigen Höhepunkt unter dem Finanzminister Juan Álvarez Mendizábal, der sämtliche Mönchsklöster schließen ließ. Die verwaisten Abteien wurden entweder abgerissen oder dem Verfall überlassen.

Klöster hatten im Zuge der politischen Entwicklung der Neuzeit einfach keinen Platz mehr, nicht nur in Spanien. Dem meditativen Leben, das vor allem dem Gebet gewidmet war, wurde im Zuge der Säkularisation weitgehend die Sinnhaftigkeit abgesprochen.

Diesem Schicksal der *Desamortisation* fiel auch die Zisterzienserabtei Santa Maria de Poblet zum Opfer, die im Jahr 1835 geschlossen, geplündert und zerstört wurde. Sie wurde erst viel später wiedererrichtet und 1940 von Zisterziensern neu besiedelt. Heute ist es das einzige große Zisterzienserkloster in ganz Spanien, das einzige von ehemals vielen. Es ist ein Mahnmal einer vergangenen Zeit, in der man es besser mit den Mönchen gemeint hatte und in der diese noch einen festen Platz in der Weltordnung gehabt hatten.

Hierher kam ich zum ersten Mal mit Maximilian von Habsburg-Lothringen …

Nachträglich betrachtet, war mein erster Besuch der Abtei Santa Maria de Poblet, des wohl größten und prächtigsten Zisterzienserklosters Spaniens, in gewisser Weise schicksalhaft. Das wusste ich damals jedoch noch nicht, vielleicht ahnte ich aber zum ersten Mal, dass die Zisterzienser in meinem Leben noch eine Rolle spielen würden, mit Sicherheit behaupten könnte ich das freilich nicht.

Natürlich kannte ich Zisterzienserklöster auch aus Österreich, die Schönheit der spanischen Abtei jedoch überwältigte mich. Gegründet wurde sie im Jahr 1151 von eben jenem Raimund Berengar, der wenige Jahre zuvor die Ehe mit Petronilla, der Erbin von Aragonien, eingegangen war und damit den Grundstein für das heutige Königreich Spanien gelegt hatte. Bald schon entwickelte sie sich zu einem der bedeutendsten Kulturzentren ihrer Zeit.

Ablesbar waren hier für mich in aller Deutlichkeit sämtliche Regeln der Kunst, die die Zisterzienser vor allem dem heiligen Bernhard von Clairvaux (1090–1153) verdanken. Er war zwar nicht ihr Gründer, wie oft kolportiert wird, jedoch für die rasche Ausbreitung des Ordens verantwortlich. Seine Reform des klösterlichen Lebens der Zisterzienser fand nämlich auch einen Niederschlag in ihrer Baukunst, die, folgen wir Bernhard, die sichtbare Manifestation ihrer spirituellen Haltung repräsentieren sollte.[13] Eine adäquate äußere Form sollte durch die künstlerischen Formen der Gestaltung, kurz gesagt, der inneren Einstellung der Mönche entsprechen, zugleich aber auch das monastische Leben in effizienter Weise ermöglichen. Zu Bernhards Zeiten entwickelte sich so ein Standardtypus für die europäischen Zisterzienserklöster, der vor allem in der Frühzeit des Ordens streng eingehalten wurde. Sämtliche Neugründungen von damals weisen denselben Grundriss auf, zudem liegen sie an Orten fernab von Städten und großen Handelsrouten, vornehmlich in bewaldeten Tälern.[14]

Der asketischen Grundhaltung des Heiligen entspricht auch seine Ablehnung, die Kirchen mit allzu aufwendigem Schmuck zu versehen. Sie bestechen so durch ihre Einfachheit. Auch das Element des Figurativ-Erzählerischen fehlt weitgehend, daher gibt es keine Bilder. An ihrer Stelle steht die Kunst der Ornamentik, die in Santa Maria de Poblet auf eindrucksvollste Art verwirklicht ist.[15]

Der damalige Abt, Maurus Esteva – mit ihm sollte ich später an anderen Gabelungen meines Lebensweges noch öfter zusammentreffen –, führte mich bei einem meiner späteren Besuche durch das Kloster. Zu diesem Zeitpunkt war in mir der Wunsch, dem Orden beizutreten, bereits gefestigt. Ich war damals zwar noch bei *Schenker Spanien* beschäftigt, hatte jedoch auch schon um die Kandidatur in Stift Heiligenkreuz angesucht. Maurus Esteva zeigte mir die für die Zeit typischen Kreuzrippengewölbe, übrigens die ersten in Spanien, die herrliche Kirche und den dazugehörigen Kreuzgang, der zum Teil noch aus dem 12. Jahrhundert stammt. All das beeindruckte mich sehr und bestätigte mir, dass ich mit meinem Entschluss richtig lag. In gewisser Weise fühlte es sich für mich an, als wäre ich nach Hause gekommen.

Ich war hinausgezogen in die Welt, wie es mir mein Freund, der Graf Meran, damals in Klagenfurt geraten hatte, zuerst nach Frankfurt, dann nach Barcelona – um schließlich doch heimzukommen, zwar nicht mehr zurück nach Kärnten, dafür aber in meine eigentliche Heimat, zu den Zisterziensern in das Stift Heiligenkreuz. Der Besuch der spanischen Abtei Santa Maria de Poblet hatte in einem nicht unerheblichen Grad meinen Entschluss, dem Zisterzienserorden beizutreten, mit beeinflusst.

Der Spediteur Gottes

Insgesamt dreimal während meiner weltlichen Jahre war ich gefragt worden, ob ich mich nicht im Eigentlichen zu einem geistlichen Beruf berufen fühlte. Dreimal hatte ich das vehement verneint. Kurz nach meiner Primiz sagte einer meiner engsten Freunde aus der Gymnasialzeit, mit dem ich auch beim Österreichischen Bundesheer gedient hatte: „Dass du amol Pfarrer wirst, ham mir immer g'wusst!" Mein Neffe Karl Albrecht Waldstein meinte schon 1977, ich sei kein Spätberufener, sondern ein Spätgefolgter … Wahrscheinlich hatte er recht.

Ich war ein durchaus erfolgreicher Manager gewesen, hatte ein angenehmes und weitgehend sorgenfreies Leben geführt und das auch in vollen Zügen genossen. Wie kam es also, dass ich dies alles hinter mir ließ, mich davon abwendete und eine ganz neue Richtung einschlug? Immer wieder fragte man mich das während der letzten Jahrzehnte. Gab eine Lebenskrise den Ausschlag? Eine unglückliche Liebe? Ein Erweckungserlebnis à la Augustinus? War es eine versteckte Form von Selbstmord? Eine Firmenpleite? So oder so ähnlich lauteten die Fragen, die man mir stellte. Und meine Antwort? Nichts von alledem! In dieser Dramatik vollzog sich der Schritt für mich nicht. Vielmehr hatte mir im Laufe der Jahre etwas zu fehlen begonnen.

Es war also keine wie auch immer geartete Katastrophe, die mich zu dem Schritt bewogen hatte, sondern vielmehr ein Moment des Innehaltens, ein Moment des – wie der Diplomkaufmann sagen würde – Bilanzierens.

Meine Entscheidung für das Leben als Priester und Ordensmann im Jahr 1976, die als solche dann im Übrigen sehr schnell erfolgte, war in den letzten drei Jahrzehnten meines

Lebens schlicht gewachsen, wahrscheinlich ohne dass mir das selbst wirklich bewusst war.[16] Ich kann es nicht anders formulieren. Andere wussten das offenbar viel früher als ich selbst. Irgendetwas in meinem ganzen Wesen, in der Art, wie ich argumentierte oder zu religiösen Themen Stellung bezog, muss jene Menschen darauf gebracht haben, dass es für mich mit dem weltlichen Leben nicht getan war.

Ich bin religiös erzogen worden, hatte mit meinem Vater einen ersten ausgezeichneten Lehrer in Glaubensfragen und stamme aus einer Familie, die seit Jahrhunderten ihre Identität aus dem Christentum bezieht. Auch ich selbst habe mich zeit meines Lebens stets um den Glauben bemüht. Er war mir immer ein großes Anliegen. All das waren ganz bestimmt entscheidende Voraussetzungen für jenen Schritt. Im Wesentlichen kann ich jedoch drei ganz konkrete Motive anführen, die für mich zu jener Zeit den Ausschlag gaben.

Als ich noch Manager war, beschlich mich irgendwann das Gefühl, dass ich in religiöser Hinsicht nicht auf dem Niveau lebte, das ich mir gewünscht hätte. Lediglich die Sonntagsmesse zu besuchen, wenn es sich überhaupt ausging, war mir zu wenig. Ich wollte ein stärker religiös profiliertes Leben führen. Entscheidend für meinen Entschluss war zum einen also eine Form von Defizit, ein – für meine Verhältnisse – Defizit an religiöser Praxis, das ich empfand, das gleichsam eine Lücke in mir aufgetan hatte. Zum anderen war es wiederum eine Art Überschuss, insofern nämlich, als ich bislang in meinem Leben offenbar immer schon so etwas wie eine Instanz für Glaubensfragen gewesen war und auch oft darüber referiert hatte. Ging es um philosophische Fragen oder auch um solche des Glaubens, galt ich unter meinen Freunden, Kollegen, Vorgesetzten oder Mitarbeitern als der Adressat, an den man sich wenden konnte, um eine fundierte Antwort zu erhalten. Ich habe so auch noch als Diplomkaufmann viele Gespräche geführt, die religiöser Natur waren oder, wenn sie es nicht von Anfang an waren, darauf hinausliefen – etwa auch nach einer Aufsichtsratssitzung in Frankfurt oder einer Cocktailparty in Barcelona oder beim Schifahren in den Pyrenäen. Als Priester würde ich die Möglichkeit haben, mein Wissen und meine religiösen Anliegen in meine Predigten einfließen zu lassen. Auch das bewog mich dazu, meine weltliche Karriere sein zu lassen.

Von jeher hatte ich mich, um auch das dritte Motiv anzuführen, der Kirche zugehörig gefühlt und hatte stets, um es noch konkreter zu formulieren, ein starkes Gefühl der Solidarität mit dem Papst und dem Papsttum empfunden. Das mag schwer nachvollziehbar klingen, entspricht aber den Tatsachen. Es war die Zeit nach dem *Zweiten Vatikanischen Konzil* (1962–1965), das große Änderungen im kirchlichen Leben mit sich gebracht hatte, und nach der sehr umstrittenen Enzyklika *Humanae Vitae* – *Über das menschliche Leben* – von Papst Paul VI., die das Eheleben neu bewertete und in der sich der Papst gegen künstliche Methoden der Empfängnisverhütung im Sinne der Erhaltung des Lebens ausgesprochen hatte. All das hatte zu großer Kritik an dem amtierenden Papst und am Papsttum an sich geführt, Kritik von Leuten, die, wie mir vorkam, zu wenig über die Hintergründe Bescheid wussten, sich insgesamt viel zu wenig damit auseinandergesetzt hatten und daher auch nicht erkannten, dass es sich bei der Enzyklika in Wahrheit um einen Lobpreis des Lebens handelte. Die Kritik wurde nicht nur im privaten Kreis kolportiert, sondern vor allem auch vonseiten der Medien, die sich großteils sehr negativ dazu äußerten und Paul VI., einen hochsensiblen Mann, etwa als „Pillenpaule" desavouierten. Ich bezeichnete ihn damals schon – und daran hat sich bis heute nichts geändert – als einen Märtyrer der Massenmedien. Selbst aus der Kirche war heftige Kritik zu hören. Meine Lebensentscheidung sollte in diesem Sinne auch ein bewusstes Zeichen dagegen sein. Sie sollte ein

Akt der Solidarität mit dem Papst und dem Papsttum sein, das ich als einen wesentlichen Faktor der Konkretisierung der Leitung der Kirche betrachtete.

In meinem Schreiben an den damaligen Abt Franz von Heiligenkreuz, in dem ich um das Noviziat ansuchte, formulierte ich also, dass man meine Berufung als Solidaritätserklärung mit Paul VI. und dem Papsttum verstehen möge. 30 Jahre später folgte der amtierende Papst Benedikt XVI. meiner Einladung nach Heiligenkreuz. Meine Lebenswette sollte aufgehen.

Nachdem meine Entscheidung gefallen war und sämtliche formale Schritte eingeleitet waren, schien es unumgänglich, meinen Chef und natürlich auch meine Eltern davon in Kenntnis zu setzen. Ich nahm also meinen ganzen Mut zusammen und rief – mit klopfendem Herzen – meinen Aufsichtsratsvorsitzenden in Frankfurt an: Völlig konsterniert schrie er beinahe ins Telefon: „Bei Ihnen piept's wohl! Bleiben Sie, wo Sie sind, ich komme mit der nächsten Maschine nach Barcelona!" Erst in einem längeren Gespräch gelang es mir, ihm meine Entscheidung plausibel zu machen. Später kam er sogar zu meiner Primiz.

Der österreichische Handelsdelegierte in Spanien meinte dazu lakonisch, man müsse nun halt ein Schild an meiner Bürotür bei *Schenker Spanien* anbringen, auf dem anstelle von „Cerrado por vacaciones" („Wegen Urlaub geschlossen") „Cerrado por vocaciones" („Wegen Berufung geschlossen") stehen müsse.[17]

Schwerer fiel es mir, meine Eltern von meinem Entschluss zu informieren. Mein Vater zeigte gleich großes Verständnis für mich, er hatte auf gewisse Weise vielleicht sogar immer schon damit gerechnet, meine Mutter hingegen war strikt dagegen. Bei ihr musste ich dann noch lange Zeit Überzeugungsarbeit leisten. Ich erinnere mich gut daran, dass wir uns damals miteinander fotografieren ließen. Unter das Foto in dem Album schrieb ich:

Hier sieht man, wer's nicht glaubt, zum Henker –
Kurz vor dem End' des Jobs bei Schenker –
Den frohgemuten Ulli Henckel,
gestützt die Hand am Oberschenkel.

Die Reaktion meines Lieblingsvetters, des Herzogs von Hohenberg: „Du nimmst also tatsächlich den Schleier, Ulrich?"

Meine Entscheidung nach außen hin zu kolportieren, hat mich letztendlich mehr Mut gekostet, als sie für mich zu treffen. Niemand verstand auf Anhieb, weshalb ich der Unabhängigkeit meines bisherigen Lebens das klösterliche Gehorsamsgelübde vorzog.

Die Wahl des Ordens selbst fiel mir nach meinen, ich würde fast sagen, schicksalhaften Besuchen des spanischen Zisterzienserklosters Santa Maria de Poblet nicht schwer. Ich wollte Zisterzienser werden. Kunst kann nie den alleinigen Ausschlag für eine Berufung zum Geistlichen geben. Die Manifestation jener tiefen Frömmigkeit in den sakralen Bauten und Werken der Zisterzienser, dieses Sichtbarwerden des Höheren, Geistigen, um nicht zu sagen Himmlischen, in all den Dingen, die sie gestaltet haben, hatte mich jedoch in meinem Innersten berührt. In der Kunst, die sie erschaffen hatten, spiegelte sich für mich die Ewigkeit wider. Es war nicht die Kunst der Zisterzienser im Eigentlichen, die mich dazu bewogen hatte, ihrem Orden beizutreten. Es war das, was jene Kunst sinnfällig machte, jene Hinwendung zu Gott, auf den sich all unser Vertrauen richtet. Mein Entschluss, Ordensmann zu werden, war anders als durch die Kunst motiviert, für die Wahl des Ordens jedoch war sie ausschlaggebend. „Deines ewigen Lebens war ich gewiss, wenngleich ich es erst nur im Rätsel und gleichwie durch einen Spiegel geschaut hatte."[18] Diese Worte stammen aus dem achten Buch der *Confessiones* des heiligen Augustinus, jenen autobiografischen Betrachtungen, in denen der altehrwürdige Kirchenvater seine Hinwendung zu Gott schildert. Jenes Rätsel, jener Spiegel, von dem er spricht, war in meinem Fall, könnte man sagen, die Kunst der Zisterzienser.

Das Stift Heiligenkreuz

Ich, Leopold, von Gottes Gnaden Markgraf von Österreich, habe auf Anraten meines geliebten Sohnes Otto die Brüder vom Kloster Morimond berufen und sie an dem Ort, der nun zum Heiligen Kreuz genannt wird, angesiedelt.

So steht es in der Gründungsurkunde des Stiftes Heiligenkreuz geschrieben, die aus dem Jahr 1133 datiert. Leopold III., Markgraf von Österreich aus der Familie der Babenberger, der später heiliggesprochen wurde und als der Landespatron von Wien und Niederösterreich gilt, hat auf Anregung seines Sohnes Otto, Bischof von Freising, unser Kloster im Wienerwald gegründet. Leopold hatte seinen Sohn zum Studium der Scholastik nach Paris geschickt, unter anderem war er dort Hörer des schillernden Gelehrten Petrus Abaelardus (1079–1142), der – lange vor der Aufklärung – für den Vorrang der Vernunft nicht nur in der Philosophie, sondern auch in der Theologie eintrat und sich damit auch namhafte Feinde gemacht hatte, den heiligen Bernhard von Clairvaux zum Beispiel. In Paris war Otto in Berührung mit den Zisterziensern gekommen und bald darauf in das Kloster Morimond eingetreten, dem er dann auch als Abt vorstand. Später wurde er Bischof von Freising.

Am Palmsonntag des Jahres 1133 visierten Mönche den Sonnenaufgang an und legten auf diese Weise die genaue Ausrichtung des Langhauses der Stiftskirche von Heiligenkreuz fest. Eine Woche später, am Ostersonntag, bestimmten sie auf dieselbe Weise die Ausrichtung des Querschiffes und des Presbyteriums. Daraus ergibt sich der Knick zwischen Schiff und Presbyterium.

Die Besiedlung des Klosters durch Zisterziensermönche erfolgte vom französischen Mutterkloster Morimond aus. Das reguläre Klosterleben selbst wurde noch im September desselben Jahres aufgenommen. Der Gründer schenkte dem Kloster eine Kreuzreliquie, die dem Kloster seinen Namen gab. Sie war jedoch in der Barockzeit gestohlen worden. Am 31. Mai 1188 schenkte der Babenberger Leopold V. dem Stift jene große Kreuzreliquie, die heute noch verehrt wird.

Das in etwa ist der Beginn der Geschichte des Stiftes Heiligenkreuz, welches zu den 300 Zisterzienserklöstern zählt, die noch zu Lebzeiten des heiligen Bernhard von Clairvaux, neben dem heiligen Benedikt einem der wichtigsten Männer unseres Ordens, gegründet worden sind.

Bei einem meiner ersten Besuche im Stift Heiligenkreuz Ende November 1976, als ich um Aufnahme ansuchte, sagte mir Abt Franz, dass er sich sehr über mein Kommen und mein damit verbundenes Ansuchen freuen würde. Gerade eben waren vier junge Mitbrüder weggegangen. Er habe auch, fuhr er fort, einen älteren Mitbruder eingeteilt, damit er sich ein wenig um mich kümmern und mich einweisen sollte, einen gewissen Pater Ludwig, der mit bürgerlichem Namen Gottfried Schenker-Angerer hieße. Er war der letzte Inhaber meines momentanen Arbeitgebers, des einstigen Familienunternehmens *Schenker AG*, das im Jahr 1872 gegründet und 1931 von der *Deutschen Reichsbahn* übernommen worden war. Pater Ludwig sei, fuhr Abt Franz fort, schon als älterer Mann und Witwer in das Kloster eingetreten.

Dass er und ich schnell zueinanderfanden, verwundert nicht. Pater Ludwig war ein in jeder Beziehung faszinierender Mann, feinsinnig und schöngeistig, nicht unbedingt ein klassischer Unternehmertyp, wie mir vorkam. 1895 geboren, hatte er den Ersten Weltkrieg und danach das Wien der Zwischenkriegsjahre in allen wesentlichen Phasen erlebt. Er hatte damals, wie man so schön sagt, Gott und die Welt gekannt, war unter anderen mit Gustav Mahler befreundet gewesen, der seine Frau, Margit Schenker-Angerer, als Sängerin für die Staatsoper entdeckt hatte. Sie war einer der Stars an der Wiener Oper der Dreißigerjahre gewesen. Ich genoss es sehr, mit ihm einen Menschen gefunden zu haben, der mir in meinen Anfangsjahren hier in Heiligenkreuz sehr geholfen hat. Leider verstarb Pater Ludwig drei Jahre nachdem ich in den Orden eingetreten war. Durch Pater Ludwig hatte sich mein Eintritt ins Kloster beinahe wie eine Heimkehr gestaltet. Mein Übertritt vom Spediteur zum Spediteur Gottes war gewissermaßen nahtlos verlaufen.

Ja, ich war Spediteur gewesen – und gewissermaßen blieb ich das auch. Bei *Schenker & Co* hatte ich mich darum gekümmert, dass weltliche Waren von ihrem Produktionsort an den Abnehmer kamen. Als Geistlicher würde ich mich darum bemühen, dass die Ware „Glauben", die in himmlischen Gefilden ihren Ursprung hat, ihren Weg auf die Erde findet. Der weltliche Spediteur ist unter anderem auch für die Verpackung der Ware, die er transportieren lässt, zuständig, und im Grunde ist das ja der geistliche Spediteur auch, denn er präsentiert seine Glaubensinhalte in einer Form, die ansprechend ist. Das Handeln des Priesters als Seelsorger und Spender von Sakramenten ist eine Art des Dazwischentretens, nicht um zu trennen, sondern um den Kontakt herzustellen. Er ist letztendlich ein Vermittler geistiger Inhalte oder, anders gesagt, ein himmlischer Spediteur. Das war es, was ich werden wollte.

Mein neues Leben

Um in ein Kloster aufgenommen zu werden, gilt es, ein bestimmtes Prozedere einzuhalten. Zuerst wird eine Zeit der Kandidatur festgelegt. Heute ist es zumeist ein Jahr, es kann aber auch weniger sein. Bei mir etwa war die Kandidatur wesentlich kürzer. In dieser Zeit lernt man sich gegenseitig kennen. Danach kann der Kandidat ein Ansuchen um Aufnahme ins Noviziat stellen. Der Abt entscheidet, ob das Ansuchen behandelt werden soll oder nicht. Wenn der Abt den Kandidaten für geeignet hält, bringt er das Ansuchen in das Kapitel, das seine Zustimmung gibt oder den Vorschlag des Abtes mit absoluter Mehrheit zurückweist, was aber nur ganz selten vorkommt.

Fällt die Abstimmung positiv aus, beginnt damit für den Kandidaten das Noviziat. Vom kanonischen Recht her ist dafür der Zeitraum von einem Jahr vorgesehen. Der Novize wird eingekleidet, erhält also das Ordensgewand, und bekommt einen neuen Namen, den Ordensnamen. Das sind zwar nur Äußerlichkeiten, aber sie machen doch den Neubeginn sehr greifbar und erlebbar.

Die Zeit des Noviziats dient dazu, in das klösterliche Leben einzudringen und die *Regel des heiligen Benedikt* (480–547), die Psalmen, die Hausgeschichte, die rechtlichen Bedingungen sowie die Werke des heiligen Bernhard von Clairvaux (1090–1153) und den *Gregorianischen Choral* zu studieren. Die Verantwortung dafür trägt der Novizenmeister. Von diesem werden die Novizen auch zu Arbeiten – vor allem im Garten – eingeteilt.

Es war das Hochfest des heiligen Leopold von Österreich, der 15. November 1977, als ich von Abt Franz Gaumannmüller als Novize für das Stift Heiligenkreuz eingekleidet wurde und meinen Ordensnamen, Gregor, erhielt. Seit diesem Tag ist mein Taufname Ulrich in den Hintergrund getreten. Das Ablegen des alten Namens steht für die Abkehr von dem weltlichen Leben, das man bislang geführt hat, und für die Annahme des neuen Lebens im Dienste Gottes. Dass die Wahl auf den Namen Gregor fiel, erfüllt mich heute noch mit großer Freude. Papst Gregor I. (540–604), mein Namenspatron, amtierte vom Jahr 590 bis zu seinem Lebensende in Rom. Er entstammte wie ich einer sehr angesehenen Familie, die im 5. Jahrhundert zwei der letzten weströmischen Kaiser gestellt hatte, und er hatte sich – wie ich – zuerst für eine weltliche Karriere entschieden, bevor er dann etwa im selben Alter wie ich, mit 35 Jahren, seiner wahren geistlichen Berufung folgte und Benediktinermönch wurde. Der gelehrte Mann zählt zu den vier großen lateinischen Kirchenvätern der Spätantike. Er war von der *Regel des heiligen Benedikt*[19], in einem solchen Ausmaß begeistert, dass er sie für die gesamte Kirche als verbindlich erklärte und sie auch selbst strikt befolgte. Der *Gregorianische Choral* ist nach ihm benannt. Papst Gregor I. wurde im Jahr 1295 heiliggesprochen.

Die Zeit des Noviziats ist mit Sicherheit keine leichte Zeit. Es gilt, sich an das Gemeinschaftsleben zu gewöhnen und darin seinen Platz zu finden. Bald schon stellt man fest, dass man hier mit den unterschiedlichsten Menschen konfrontiert ist, und nicht alle Mitbrüder sind einem im gleichen Maße sympathisch. Das ist hier auch nicht anders als in der Welt draußen, im Unterschied zu ihr lebt man im Kloster jedoch auf sehr engem Raum zusammen. Man kann einander nicht aus dem Weg gehen. Das ist mit Sicherheit eine der ersten Proben, die man zu bestehen hat. Eng zusammen lebt man mit seinen Mitnovizen. Wir waren damals vier an der Zahl und es wäre gelogen, würde ich behaupten, dass alles gänzlich reibungslos verlief.

Unser Noviziat, das aus mir und drei Mitbrüdern bestand, hatte von Anfang an den Spitznamen „die glorreichen Vier". Dies bewahrheitete sich darin, dass wir alle vier die Gelübde abgelegt haben und zu Diakonen und Priestern geweiht wurden. Schließlich wurden zwei von den vieren Äbte und zwei Prioren.

Nach der Zeit des Noviziats sucht man an um Zulassung zur zeitlichen Profess. Dabei handelt es sich um ein zeitlich limitiertes Gelübde, zumeist für den Zeitraum von drei Jahren. Wenn der Abt und der Novizenmeister das für gut befinden, wird wiederum im Kapitel darüber abgestimmt. Wird mit absoluter Mehrheit dagegen gestimmt, was selten vorkommt, liegt die letzte Entscheidung wiederum beim Abt. Ich legte nach nicht einmal einem Jahr, am 31. Oktober 1978, die zeitlichen Gelübde ab. Zu Allerheiligen des Jahres 1981 durfte ich dann die ewigen Gelübde in Form der feierlichen Profess in die Hände des Abtes Franz ablegen.

Schon zum Zeitpunkt der zeitlichen Profess fällt die Entscheidung darüber, ob man Mönch oder Priester werden möchte. In beiden Fällen muss eine qualifizierte Ausbildung erfolgen, im Falle des Priestertums die Ausbildung zum Theologen an einer Hochschule, die man mit dem Magisterium, dem Doktorat oder sogar mit der Habilitierung abschließt. Wir sind stolz darauf, seit dem Jahr 1802 eine solche Hochschule nun innerhalb unserer Klostermauern zu haben. Das Theologiestudium hier in Heiligenkreuz steht dem an der Universität Wien um nichts nach. Ich entschied mich für den Weg des Priesters und bekam so mit beinahe Mitte 30 die Gelegenheit, mich auch mit den theoretischen Grundlagen meines Glaubens eingehend auseinanderzusetzen – und das bereitete mir große Freude. Mein erklärtes Lieblingsfach war Kirchengeschichte, darum entschloss ich mich auch, meine Diplomarbeit in diesem Fach zu schreiben. Das Thema lautete: *Zisterziensischer Einfluss auf spanische Ritterorden.* Die Sponsion zum Magister theologiae erfolgte an der Universität Wien, weil damals die Hochschule Heiligenkreuz noch kein Sponsionsrecht hatte. Dieses Mal entschloss ich mich, anders als nach meinem abgeschlossenen Wirtschaftsstudium, den feierlichen Akt der Spondierung zu feiern. Zu meiner großen Freude nahmen meine Eltern an diesem Fest teil. Die Feier fand jedoch erst im Frühjahr 1986 statt, also fast vier Jahre nach meiner Priesterweihe, weil ich bislang keine Zeit gefunden hatte, meine Diplomarbeit zu einem Abschluss zu bringen. Zu viele Aufgaben hinderten mich daran. Ich war damals als Sekretär der Hochschule Heiligenkreuz, als Studentenseelsorger in Baden, als Organisator eines internationalen benediktinischen Kongresses, als Magister der zeitlichen Professen und als Aushilfsseelsorger so in Anspruch genommen, dass ich für lange Zeit zu keiner wissenschaftlichen Arbeit kam. Abt Franz hatte mir all diese verantwortungsvollen Aufgaben übertragen, jedoch nicht bedacht, dass mein Studienabschluss dabei wohl auf der Strecke bleiben würde. Erst sein Nachfolger, Abt Gerhard, erkannte meine Not und gestattete mir, einige der Aufgaben abzugeben und mich zur Fertigstellung der Diplomarbeit für insgesamt drei Monate in unser Neukloster in Wiener Neustadt zurückzuziehen.

Am Stephanitag des Jahres 1981 empfing ich zusammen mit meinen drei Mitbrüdern die Weihe zum Diakon durch Erzbischof-Koadjutor Franz Jachym.

Am 1. August 1982 wurde ich zum Priester geweiht. Das war der sakrale Höhepunkt meines Lebens. Die Priesterweihe spendete mir Bischof Maximilian Aichern. Eine Woche später feierte ich im Dom zu Klagenfurt, in dem ich viele Jahre als Ministrant gedient hatte, meine Primiz. Darunter versteht man im Allgemeinen die erste heilige Messe, die ein neu geweihter

Priester als Hauptzelebrant feiern darf. Üblicherweise ist es so, dass die Predigt in einem solchen Fall ein anderer befreundeter Priester hält. In meinem Fall war es sogar ein Verwandter, mein Cousin Augustinus Heinrich Henckel von Donnersmarck, der Sohn von Lazarus, des älteren Bruders meines Vaters, der uns seinerzeit aus Rüdenhausen nach Kärnten geholt und meinem Vater hier Arbeit gegeben hatte. Er hatte sich schon – anders als ich – als ganz junger Mann zum Beruf des Geistlichen berufen gefühlt und war den Weg auch konsequent gegangen. Er wurde Prämonstratenser Chorherr in Deutschland und ein bedeutender Prediger sowie Wirtschaftsfachmann – diese Kombination liegt wohl ein wenig in der Familie.

Im Gegensatz zu den Chormönchen verbringen Priestermönche ihr Leben häufig außerhalb des Klosters in Pfarren, die dem Stift inkorporiert sind. Das Stift Heiligenkreuz ist ja im Umkreis – in Niederösterreich und im Burgenland – und im Ruhrgebiet für 22 Pfarren zuständig.

Diejenigen Mitbrüder unter uns, die sich für das Chormönchtum entschieden haben, durchlaufen ganz unterschiedliche Ausbildungen. Auch unter ihnen gibt es viele, die Theologie studieren, andere aber entscheiden sich zum Beispiel für Land- und Forstwirtschaft oder die Buchbinderei und so weiter. Einer unserer Mitbrüder ist etwa akademischer Bildhauer. Sie werden dann auch ihren Fähigkeiten entsprechend eingesetzt. Spätberufene wie ich können schon auf Ausbildungen verweisen.

Nach den drei Jahren der zeitlichen Profess legen auch sie die ewigen Gelübde ab. Selten, aber doch kommt es vor, dass Mitbrüder um Verlängerung der zeitlichen Profess ansuchen, weil sie vor dem alles entscheidenden Schritt noch zurückschrecken, mehr Bedenkzeit brauchen. Die wird ihnen auch gewährt. Nach Ablegung der ewigen Gelübde ist der Mönch dann Kapitular, das heißt Mitglied des Kapitels.

Das klösterliche Leben ist, wie gesagt, ein Leben in Gemeinschaft. Es ist daher Regeln unterworfen, die dem Glauben geschuldet sind, aber auch das Zusammenleben oft auf engem Raum erleichtern sollen. Unsere Regeln gehen auf den Gründungsvater der Benediktiner, zu denen wir als Zisterzienser ja gehören, den heiligen Benedikt von Nursia (480–547), dem heutigen Norcia in Umbrien, zurück. Wir Zisterzienser sind ja benediktinische Ordensleute. Alles, was wir von seinem Leben wissen, stammt aus einer einzigen Quelle: dem zweiten Buch der *Dialoge* (*Dialogi*) von Gregor dem Großen (540–604), der von 590 bis 604 als Papst Gregor I. in Rom amtierte. Als junger Mann ging Benedikt nach Rom, um dort zu studieren, brach das Studium jedoch bald ab und schloss sich einer Gemeinschaft von Asketen an. Danach zog er sich für drei Jahre in eine Höhle in das östlich von Rom gelegene Subiaco zurück. Schüler scharten sich um Benedikt, man wurde aufmerksam auf ihn und bat ihn, einem nahe gelegenen Kloster als Abt vorzustehen. Er willigte ein. Als er jedoch versuchte, das klösterliche Leben neu zu ordnen, stieß er auf großen Widerstand und zog sich daraufhin wieder in das Tal von Subiaco zurück. Dort gründete er zwölf kleinere Klöster. Im Jahr 529 gründete er auf dem Monte Cassino dann jenes Kloster, welches als das Mutterkloster der Benediktiner gilt.[20] Dort verfasste er die sogenannte *Regula Benedicti*, ein Klosterregularium, das das monastische Leben nach Gesichtspunkten des Glaubens neu ordnen sollte. Sie hatte sich während seiner Zeit als Abt von Montecassino herausgebildet und bewährt. Als Haus- und Lebensordnung legt sie fest, wie gebetet, gearbeitet und miteinander gelebt werden soll.[21]

Ich war bislang ein weltliches Leben gewöhnt gewesen. Seit meinem 19. Lebensjahr hatte ich alleine gelebt – und zwar in Metropolen wie Wien, Frankfurt am Main und Barcelona –, meinen Haushalt also mit niemandem geteilt. Insofern war das Leben in Gemeinschaft etwas Neues für mich. Es wäre eine Lüge, zu behaupten, dass mir die Unterwerfung unter die *Regel des heiligen Benedikt* von Anfang an leichtfiel. Auf das Faktum, dass es sich dabei nicht nur um einen hochphilosophischen, sondern auch zutiefst menschlichen Text handelte, in dem Ver- und Gebote nicht willkürlich gesetzt waren, sondern vielmehr auf Erfahrungswerten beruhten, kam ich erst im Laufe der Zeit. Dann aber lernte ich sie zu schätzen.

Da war etwa die Verpflichtung zur Schweigsamkeit, zum *Silentium*: „Man soll der Schweigsamkeit zuliebe bisweilen sogar auf gute Gespräche verzichten", sagt der heilige Benedikt (RB 6,2) – für weltliche Menschen schwer nachvollziehbar, für das monastische Leben jedoch unverzichtbar. Jede Sprechblase, um es bildlich zu formulieren, füllt den Raum und drängt den anderen zurück. Man muss sich darüber im Klaren sein, dass man den anderen umso mehr einengt, je mehr man selbst spricht. Zu viele der Worte können zu einer nervlichen Belastung werden. Das Gebot des *Silentiums* im Kloster ist insofern ein großes Geschenk. Wir schweigen ja nicht immer, zu festgesetzten Zeiten jedoch schon, etwa vom Läuten der Glocken zu der Komplet, dem Nachgebet, bis zum nächsten Tag nach der heiligen Messe am Morgen. Das nennt man das *Silentium nocturnum*, das nächtliche Schweigen, das wir dann beim gemeinsamen Frühstück im Refektorium brechen. Ausgenommen sind lediglich seelsorgliche Gespräche. Auch auf den Wegen vom und zum Gebet darf zum Beispiel nicht gesprochen werden.

Während der Exerzitien, die an festgesetzten Tagen regelmäßig stattfinden, herrscht generelle Schweigepflicht. Das waren von jeher die schönsten Tage des Klosterlebens für mich. An ihnen wird die Stille lediglich von der *Lectio diviana*, der geistlichen Schriftlesung, und vom gemeinsamen *Stundengebet* unterbrochen. Nur die verschiedenen Texte der Liturgien und die Worte des Exerzitienleiters sind hörbar. An diesen Tagen, wenn der weltliche Lärm verhallt und man sich auf das Wesentliche besinnt, kommt man zur Ruhe.

Durch das tägliche Stundengebet wird das klösterliche Leben strukturiert. Das Gebot dazu rekurriert auf das Psalmwort: „Siebenmal am Tag singe ich dein Lob und nachts stehe ich auf, um dich zu preisen" (Ps 119,62.164). Zu festgesetzten Tageszeiten beten wir gemeinsam. Wir beginnen zeitig am Morgen mit den sogenannten *Vigilien* und den *Laudes matutinae*, dem Morgengebet. Die Stundengebete, zur dritten, sechsten und neunten Stunde, die *Terz, Sext und Non* heißen und früher den Tagesablauf bestimmt haben, sind heute zur *Tageshore* vor und nach dem Mittagessen zusammengefasst – *Hore* leitet sich aus dem lateinischen *hora, Stunde*, ab –, da wir als Ordensbrüder vielen Aufgaben inner- und außerhalb des Klosters verpflichtet sind, die uns das nicht mehr erlauben. Mit der *Vesper*, dem Abendgebet, und der *Komplet*, dem Nachtgebet, beschließen wir den Tag. Wir lesen dabei aus den liturgischen Büchern, die das Stundengebet enthalten, und rezitieren Psalmen aus unserem Chorbuch, das auch *Psalterium* heißt.

Wir verstehen das Beten der Psalmen nach der Lehre des heiligen Bernhard von Clairvaux vor allem als Meditation. Sie kommt zustande durch die sogenannte *Ruminatio*. Das Wort bedeutet im Eigentlichen „Wiederkäuen" und steht in unserem Kontext für das „Wiederkäuen", also das oftmalige Wiederholen, der sakralen Texte. Bernhard hält das für einen Weg der richtigen Andacht.[22]

Es gibt 150 Psalmen, die im Alten Testament aufgeschrieben und in Lied- und Gedichtform überliefert sind. Sie sind in dem Zeitraum zwischen 1000 und 400 v. Chr. entstanden und gelten als Weissagungen auf Jesus Christus hin. Sie sollen innerhalb einer Woche durchgebetet werden. So schreibt es uns der heilige Benedikt vor: „Doch achte er (der Mönch, Anm.) unter allen Umständen darauf, dass jede Woche der ganze Psalter mit den 150 Psalmen gesungen und zu den Vigilien am Sonntag stets von vorne begonnen wird" (RB 18,23). Auch hier muss man aber die Umstände der Zeit berücksichtigen: In Heiligenkreuz wird der Psalter auf zwei Wochen aufgeteilt gebetet. Das Stundengebet der Weltpriester teilt die 150 Psalmen auf vier Wochen auf.

Die Psalmen sind heilige Texte, durch ihre Rezitation wird der Höchste angerufen und durch seine Anrufung präsent. Der meditative Charakter unseres Gebets verstärkt sich im Gesang. Die Psalmen sind ein wesentlicher Bestandteil des *Gregorianischen Chorals*, der nach Papst Gregor I. († 604) benannt ist. Zu seiner Zeit wurde in Rom die *Schola cantorum* gegründet. Dass Gregor selbst der Komponist der musikalischen Fassung der Gesänge war, ist lange Zeit vermutet worden, wird nun jedoch bestritten.[23] Die Zisterzienser haben es in jedem Fall in den Jahren 1134–1138 auf sich genommen, das Repertoire in einer umfänglichen Chorreform systematisch umzuarbeiten. Der *Gregorianische Choral* wurde nach den Kriterien ihrer Kunstauffassung, die sehr auf das Wesentliche beschränkt ist, reduziert. Unser Chorgebet hat eine jahrhundertelange Tradition. Wir singen es wechselweise von beiden Chorseiten.

Die Psalmen werden in Heiligenkreuz in lateinischer Sprache gesungen. Seit dem *Zweiten Vatikanischen Konzil*, das von Papst Johannes XXIII. einberufen wurde und sich über den Zeitraum von drei Jahren erstreckte (1962–1965), ist es ja prinzipiell gestattet, die sakralen Texte jeweils in der Landessprache zu lesen, dennoch hat man damals das Latein als die universale Sprache der Kirche bestätigt und die zum Chorgebet verpflichteten Klerikergemeinschaften dazu aufgefordert, das Latein beizubehalten. Die Begeisterung, mit der die Erlaubnis zur Landessprache aufgenommen wurde, hat das Latein jedoch beinahe zum Verschwinden gebracht. Ich halte das eigentlich für einen Verlust, da es die Gesamtheit der universalen Kirche und die Rückbindung an eine 2000 Jahre alte Tradition gefährdet. Zudem hat das Lesen der sakralen Texte in lateinischer Sprache auch einen meditativen Wert. Ihre, wie Bertolt Brecht vielleicht sagen würde, „Verfremdung" durch die andere Sprache verleiht ihnen etwas Mystisches. Nicht vergessen darf man auch, dass die lateinische Sprache in der Liturgie, also im religiösen Kontext, zudem ein wesentlicher Bildungsfaktor war. Es gibt heute viele Priester, die die Sprache nicht mehr gut beherrschen, und das verschließt ihnen letztendlich auch den Zugang zur alten christlichen Literatur, von Tertullian (150–220) bis Martin Luther (1483–1546). Selbstverständlich sind die Schriften der Kirchenväter und Gelehrten nun auch auf Deutsch zugänglich. Es ist jedoch immer etwas anderes, wenn man einen Text im Original lesen kann. Schließlich ist ja jede Übersetzung auch eine Interpretation.

In Heiligenkreuz haben wir uns aus all den genannten Gründen dazu entschieden, das Latein großteils beizubehalten, etwa zur Rezitation der Psalmen.

Die Mönche von Heiligenkreuz haben mit ihrem Chorgesang übrigens eine Form von Berühmtheit erlangt, seit *Universal Music*, eine englische Produktionsfirma, im April des Jahres 2008 eine CD mit unserem Choral herausgebracht hat. *Chant – Music for Paradise* lautet der Titel der CD, die ein Jahr später bereits in der dritten Auflage erschien. Ihr folgten in den Jahren danach noch drei andere, eine davon – *Chant für Peace* – zusammen mit Timna Brauer und dem Elias Meiri Ensemble. Es handelt sich dabei um eine Art historisches Projekt, das die gemeinsamen Wurzeln des jüdischen und des christlichen Glaubens dokumentiert. Schließlich sind die Psalmen ja jüdischen Ursprungs und bilden ein Buch des *Tanach*, jenen Texten aus dem Alten Testament, die auch für Juden verbindlich sind.

In einer klösterlichen Gemeinschaft lebt man aus dem einzigartigen Gebet der Psalmen und aus dem auf beinahe übernatürliche Weise schönen *Gregorianischen Choral*, der ältesten abendländischen musikalischen Meditation der Bibel. Im Gebet wird die Gemeinschaft eins, dennoch bleibt man jedoch auch immer der, der man ist. Ich bin von Geburt Schlesier, meine Familie ist seit Jahrhunderten in dieser Region beheimatet gewesen, wahrscheinlich kommt es daher, dass ich die Gedichte des Oberschlesiers Joseph Freiherr von Eichendorff als Gebet empfinde. Ich fühle mich ihm in meinem Innersten verbunden. Ich würde fast so weit gehen zu sagen, dass ich die Natur von frühester Kindheit an gleichsam mit den Augen jenes Dichters betrachtet habe. Sie sind für mich inniges Gebet. Gemälde von Caspar David Friedrich dringen in mein Bewusstsein, lese ich die Verse, und die Melodien von Franz Schubert erklingen in mir und selbst mein Beten vollzieht sich oft in den Worten und Rhythmen von Eichendorff, meines Landsmannes. Eines meiner Lieblingsgedichte möchte ich hier anführen:

Morgengebet

O wunderbares, tiefes Schweigen,
Wie einsam ist's noch auf der Welt!
Die Wälder nur sich leise neigen,
Als ging' der Herr durchs stille Feld.

Ich fühl mich recht wie neu geschaffen,
Wo ist die Sorge nun und Not?
Was mich noch gestern wollt erschlaffen,
Ich schäm mich des im Morgenrot.

Die Welt in ihrem Gram und Glücke
Will ich, ein Pilger, frohbereit
Betreten nur wie eine Brücke
Zu Dir, Herr, übern Strom der Zeit.

Und buhlt mein Lied, auf Weltgunst lauernd,
Um schnöden Sold der Eitelkeit:
Zerschlag mein Saitenspiel, und schauernd
Schweig ich vor Dir in Ewigkeit.

Das klösterliche Leben, das gewissen Regeln unterworfen ist, mag einengend empfunden werden. Für mich bedeutete es von Anfang an Sicherheit. Hier gelang mir nun, was ich mir vorgenommen hatte und was mich im Eigentlichen dazu bewogen hatte, ins Kloster überhaupt erst einzutreten: ein Leben auf hohem religiösen Niveau. Hier gab es die notwendigen Strukturen, die mir das gewährleisteten. Das Glockenläuten, die Mahlzeiten mit den Brüdern, die gemeinsamen Gebete, die den Tag gliederten, all das stellte einen Rahmen dar, innerhalb dessen ich meine Spiritualität leben konnte. Wäre ich auf mich gestellt geblieben, hätte ich es nicht verwirklichen können.

Es war nun natürlich nicht so, dass mein Leben gänzlich sorgenfrei verlief, die Qualität der Sorgen hatte sich jedoch schlagartig verändert. Ich keilte nun nicht mehr um Aufträge für die Firma *Schenker & Co* oder rieb mich in ihrer Abwicklung auf, auch hetzte ich nicht mehr von einem Termin zum nächsten, die gelegentlich nicht einmal in derselben Stadt stattfanden. Ich war also mit einem Wort den Sorgen des weltlichen Lebens enthoben, dafür kamen nun andere: Wurde ich meiner Aufgabe hier im Kloster gerecht? Und worin bestand diese im Eigentlichen? War ich zum Mönch oder doch zum Priester berufen? Gelegentlich beschlichen mich auch Zweifel, ob die Entscheidung für das monastische Leben die richtige gewesen war. In diesem Punkt hatte ich es jedoch womöglich als Spätberufener um einiges leichter als meine jungen Brüder, die mitunter schon mit 18 oder 20 Jahren ins Kloster eingetreten waren. Ich hatte das andere, das weltliche Leben ja kennengelernt, bevor ich mich dazu entschieden hatte, ihm den Rücken zu kehren. Diese Erfahrung fehlt Frühberufenen natürlich. Sie haben oft heftige Kämpfe auszustehen.

Als ich das bei einem gemeinsamen Frühstück in unserem Refektorium einmal ansprach und betonte, dass ich froh wäre, als Spätberufener ins Kloster eingetreten zu sein, da es mir so womöglich erspart bleiben würde, eines Tages aufzuwachen mit der Frage auf den Lippen: „Lieber Gott, was habe ich getan?", antwortete einer meiner jungen Mitbrüder: „Jetzt kannst du mal sehen, was unsereiner so jeden Vormittag mitmacht!"

Immer wieder kommt es ja auch vor, dass Brüder dann daraus die Konsequenz ziehen und selbst noch nach ihrer feierlichen Profess und Priesterweihe in ein weltliches Leben zurückkehren. Ja auch ich war nicht immer ganz ohne Zweifel. Heute, im Alter von 75 Jahren, bin ich ganz sicher, dass das geistliche Leben meine Berufung war.

Mönch und Priester

Im Jahr 1979 wurde unsere Christmette von der *Eurovision* übertragen. Das war die Zeit, als der Konflikt um den Schweizer Theologen und Priester Hans Küng (geb. 1928) hohe Wellen schlug. Als Professor für Theologie in Tübingen hatte er mit seinem Buch *Existiert Gott? Antwort auf die Gottesfrage der Neuzeit* Kritik am Dogma der päpstlichen Unfehlbarkeit, das im Zuge des *Ersten Vatikanischen Konzils* 1870 beschlossen worden war, geübt, woraufhin ihm 1979 die kirchliche Lehrbefugnis entzogen wurde. Ich nahm dies zum Anlass, um folgende Fürbitte zu formulieren:

Für die Lehrer der Theologie und die christlichen Schriftsteller, dass der Heilige Geist sie leite, damit sie in Demut der Wahrheit dienen und so zur Einheit mit dem Papst und mit den Bischöfen finden!

Für heutige Ohren mag die Fürbitte nicht so aufregend klingen, damals wurde sie als äußerst provokant aufgefasst. Obwohl ich Küng nicht explizit nannte, war dennoch allen klar, dass nur er damit gemeint sein konnte. Der spirituelle Leiter der Sendung, Pfarrer Müller von Mödling, sprach sich auch prompt vehement dagegen aus, weil er sich der europaweiten Reichweite der Sendung durchaus bewusst war und kein Aufsehen erregen wollte. Ich suchte Rat bei unserem damaligen Prior, meinem Novizenmeister Pater Gerd, und fragte ihn, ob ich für die Fürbitte kämpfen dürfte. Obwohl er ein eher zurückhaltender Mensch war und mich in diesem Sinne sehr an meinen Vater erinnerte, sagte er spontan: „Kämpfe, ja kämpfe dafür!" Ich teilte daraufhin Pfarrer Müller mit, dass es sich schließlich um eine Übertragung aus dem Stift Heiligenkreuz handeln würde und ich mir seitens unseres Priors die Berechtigung zum Vor-

Der junge Priester und Mönch

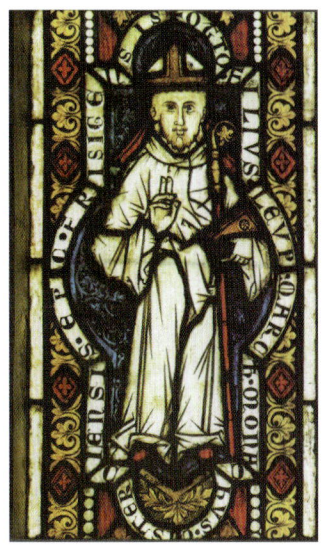

Durch die Gnade Gottes
Priester der Heiligen Kirche

✝

Pater
Gregor Ulrich
Henckel Donnersmarck
Cistercienser von Heiligenkreuz

1 August 1982
Priesterweihe in Heiligenkreuz
durch Bischof Maximilian Aichern OSB

8. August 1982
Erstes feierliches Heiliges Meßopfer
in der Domkirche zu Klagenfurt

Brunnenhaus in Heiligenkreuz: Otto von Freising

Primiz 1982, vor dem Segen durch den Vater

Mit den Eltern vor dem Primiz-Essen, Schloss Mageregg, Klagenfurt, 8. August 1982

Feierliches Hochamt im Stift Heiligenkreuz, Neffe Florian Henckel Donnersmarck liest eine Fürbitte, ca. 2005

Im Musikverein mit: Intendant Dr. Thomas Angyan, Dr. Dietrich Karner, Gigi Schüssel, Mariss Jansons, Dr. Wolfgang Schüssel, ca. 2005

Bei der Eröffnung der Ausstellung „Europa in Wien" mit Karl von Schwarzenberg und Sebastian Kurz, damals noch Außenminister und im Hintergrund Herzogin Isabell von Ratibor, 2015

Mit Dr. Agnes Husslein-Arco anlässlich der Ausstellung „Fürstenglanz – die Macht der Pracht", 2016

Mit Dr. Erwin Pröll bei der Feier „100 Jahre Sarajewo" in Artstetten,
28. Juni 2014

Verleihung der „Goldenen Schallplatte" für *Chant*, 2008

Besuch von Papst Benedikt XVI in Stift Heiligenkreuz am 9. September 2007

Begegnung mit Papst Franziskus in Rom

tragen meiner Fürbitte eingeholt hätte, sie also verlesen würde. „Auf Ihr Risiko, auf Ihr Risiko!", war seine Antwort. Ich sprach die Fürbitte dann auch selbst – und ich behaupte, sie ist auch erhört worden, weil der Konflikt um Küng in der Zeit danach bald abgeklungen ist.

Diese Episode erzählte ich meinem Taufpaten Karl Fürst zu Löwenstein, der als Präsident des *Zentralkomitees der deutschen Katholiken* in sämtlichen wichtigen Gremien saß und daher auch Hans Küng gut kannte. Er analysierte mir den kontroversiellen Theologen damals in einer vortrefflichen Weise. Unglaublich begabt sei Küng, meinte er, und bei Weitem der beste Fundamentaltheologe unserer Zeit, er hätte aber leider das Gebiet der Fundamentaltheologie verlassen, um Dogmatiker zu werden. Er hätte sich also, mit einem Wort, das falsche Fachgebiet ausgesucht. Ich musste ihm recht geben. Ich bewunderte meinen Onkel sehr für seine Fähigkeit, das Problem Küng auf so eine geniale Kurzformel gebracht zu haben. Ein genialer Fundamentaltheologe war nicht zwingend ein guter Dogmatiker. Onkel Karl Löwenstein, der in Innsbruck ja auch zusammen mit meinem Vater scholastische Philosophie studiert hatte, gehört mit Sicherheit zu den prägenden Gestalten meines Lebens – schon lange vor meinem monastischen Leben und auch währenddessen.

Für mich selbst beschloss ich nach dieser Episode, dass es das war, was ich auch für mich wollte: in Demut der Wahrheit zu dienen.

Rein

Stift Heiligenkreuz war zu meiner neuen Heimat geworden, nicht nur im geistigen Sinne, ich fühlte mich hier wirklich zu Hause. Ich war angekommen. Lange sollte mir das jedoch nicht vergönnt sein. Bald schon würde ich nämlich in die Zisterzien-serabtei Rein in der Steiermark, das älteste bestehende Zister-zienserstift der Welt, das Markgraf Leopold der Starke (†1129), gegründet hatte, berufen werden.

Abt Rappold vom Stift Rein hatte sich energisch für die Re-novierung des altehrwürdigen Gebäudes eingesetzt, das Stift dadurch aber in eine finanzielle Notlage gebracht. Bei einer Visitation im Jahr 1985 stand das Stift am Rande der Zahlungs-unfähigkeit. Der Abt wurde 1986 seines Amtes enthoben und strafrechtlich verfolgt. In dieser Situation kamen der Abtpräses und der Bischof von Graz auf mich zu und baten mich darum, in dem krisengeschüttelten Kloster beruhigend zu wirken. Ich war alles andere als begeistert von der Idee, immerhin hatte ich mit meinem Eintritt ins Stift Heiligenkreuz ja auch die *stabili-tas loci*, die Ortsgebundenheit, gelobt. Nun sollte ich nach so kurzer Zeit schon wieder fort von hier? Die beiden bestanden darauf und schließlich stimmte ich zu, allerdings nur unter der Bedingung, dass es mir mein Abt ausdrücklich befehlen würde. Als mein Oberer davon in Kenntnis gesetzt worden war, kam er ganz verlegen zu mir und gestand mir, dass er ein solches Schreiben weder aufsetzen konnte noch wollte – also tat ich es selbst. „Hochwürdiger Pater Gregor", schrieb ich, „hiermit befehle ich dir …, dass du dich in meinem Auftrag gehorsamst nach Stift Rein begibst, um dort den Dienst für das Kloster zu übernehmen …" Dieses Schreiben unterzeichnete mein Abt. Nun hatte ich einen Befehl in der Tasche, und das war mir sehr wichtig, weil es mein Amt dort legitimierte und weil dadurch klar wurde, dass ich mich nicht um diese Aufgabe beworben hatte. Immerhin schien die Lage in Stift Rein katastrophal zu sein. Ich war mir dessen bewusst, dass es sich um eine sehr heikle Aufgabe handeln würde.

Da Stift Rein damals keinen Abt hatte, war mein unmittel-barer Vorgesetzter der Abt des Zisterzienserstiftes Wilhering unweit von Linz, der vom Heiligen Vater als *Delegatus Sanctae Sedis*, sprich als direkter Gesandter des Papstes, eingesetzt war und die Vollmacht eines residierenden Abtes für Rein besaß. Er kam ungefähr alle zwei Monate auf Besuch, um Anfälliges zu besprechen oder ein Kapitel abzuhalten, die Leitung des Stiftes oblag ansonsten mir. Ich wurde von ihm als Prior eingesetzt. Die *Südost-Tagespost*, eine der steirischen ÖVP nahestehende Zeitung, titelte prompt: „Salonlöwe wird Abt von Rein". Ich hatte mich gegenüber einem Journalisten, der mich zu meiner Entscheidung, ins Kloster zu gehen, interviewt hatte, selbst einmal ironisch so bezeichnet. Nun war es schwarz auf weiß zu lesen.

Zu meinen Aufgaben gehörte es vor allem, das Stift wieder aus dem Bewusstsein der Öffentlichkeit zu bringen und sein negatives Image zu beseitigen. Die Funktion des Priors eines Klosters ist der des Abtes nicht ganz unähnlich. Er vertritt ja den Abt. Wie Letzterer ist er so etwas wie ein väterlicher Leiter der Gemeinschaft. Ich war dezidiert als Seelsorger und Oberer eingesetzt und sollte die wirtschaftlichen Angelegenheiten nebenbei regeln.

Meine anfänglichen Befürchtungen, dass ich wegen der Schwierigkeit der Lage scheitern würde, stellten sich als unbegründet heraus, allein schon deshalb, weil meine Mitbrüder sich sehr kooperativ verhielten. Ich unterschied mich jedoch in mehrfacher Hinsicht von dem früheren Abt, Paulus Rappold. Unter anderem war er dafür bekannt gewesen, das eine oder andere Glas Wein anzubieten oder auch zu konsumieren, wenn es sich ergab. Das entsprach meinen Gepflogenheiten in keiner Weise, immerhin war bei der Führung eines Klosters ja vor allem nüchterne Sachlichkeit gefragt. Letztere brachte mir nach nicht allzu langer Zeit den Spitznamen „Hen(c)kel-Trocken" ein. Die Episode, die ich auch andernorts erzählt habe,[24] mag auf den ersten Blick amüsant klingen, sie zeigt jedoch die Atmosphäre, die ich in Stift Rein vorfand. Die Wogen dort mussten in vieler Hinsicht geglättet werden. Ich war Troubleshooter für die unruhigen Seelen dort.

Für ein Jahr war mein Wirken dort anberaumt, fünf Jahre insgesamt blieb ich dort, ehe ich wieder nach Heiligenkreuz zurückkehren konnte.

Ich sollte nun, so hatte man es beschlossen, Gaaden, einen benachbarten Ort in Niederösterreich, als Pfarrer betreuen. Dazu kam es jedoch nie. In jenem Fall wurde ich, um die Übernahme der Pfarre vorzubereiten, dem dort noch amtierenden Pfarrer, Pater Adolf, vorgestellt. Er war die letzten 30 Jahre über in Gaaden tätig gewesen und inzwischen ein älterer und auch etwas gebrechlicher Mann. Ich begann in der Pfarre als sein seelsorglicher Praktikant. In dieser Funktion leitete ich den Erstkommunionsunterricht und die Firmvorbereitung, zudem übernahm ich bestimmte Gottesdienste. Ich freute mich über diese neuen Aufgaben, weil sie im Grunde dem entsprachen, was ich mir vorgestellt hatte, als ich zum Priester geweiht wurde. Ich lebte mich in Gaaden gut ein und nach Ablauf eines Jahres schien es beschlossene Sache, dass ich die Pfarre übernehmen sollte. Pater Adolf war dafür, das Kapitel hatte zugestimmt, ebenso der Abt von Stift Heiligenkreuz, der Generalvikar und auch der Kardinal, jedoch die Pfarrhaushälterin war dagegen – und die hatte letztendlich das Sagen! Sie wohnte seit 40 Jahren zusammen mit ihrer Tochter und den Enkelkindern im Pfarrhof, war dort gewissermaßen die Schlossherrin, und verwehrte sich gegen jegliche Neuerungen. Sie hatte Angst um ihre Vorrangstellung, die sie dort seit Urzeiten genoss, und setzte sich durch. Ihr Widerstand war von einer solchen Effizienz, dass ich, der ich nie auf Konflikte aus war und schon gar keine suchte, mein Bestreben, Pfarrer von Gaaden zu werden, wieder aufgab. Vielmehr bat ich Polikárp Zakar, den damaligen

Generalabt der Zisterzienser, den ich noch aus Stift Rein kannte, mich zu seinem Assistenten zu machen. So geschah es auch.

Rom

Nach meinem gescheiterten Versuch, die Pfarre Gaaden zu übernehmen, ging ich also nach Rom. Das Generalabtshaus liegt auf dem Aventin, unweit vom Vatikan. Was ich bei meinem Ansuchen um die Stelle noch nicht in dem Ausmaß gewusst hatte, war der Umstand, dass Generalabt Polikárp Zakar zwar einer der intelligentesten und profiliertesten Menschen war, die ich je in meinem bisherigen Leben getroffen hatte, jedoch auch ein ziemlich autoritärer. Er war zweifacher Universitätsprofessor – für Kirchenrecht und für Kirchengeschichte –, also den Umgang mit Studenten gewohnt, weniger jedoch den mit einem beinahe 50-jährigen Mann, wie ich einer war, in seinem Assistentenstab. Ich wurde dort mit einem Wort regelrecht geschunden, wenn man so will. Ich musste ihn einmal von mir aus darauf aufmerksam machen, dass das dritte Gebot „Du sollst den Tag des Herrn heiligen!" bedeuten würde, am Sonntag nicht arbeiten zu dürfen. Das sah er gar nicht ein.

Ich war nicht der Einzige, der das so empfand. Im Zuge einer Synode, die in dem Renaissanceschlösschen Maurach unterhalb der Wallfahrtskirche Birnau am Bodensee, die von Zisterziensern betreut wird, abgehalten wurde und zu der sämtliche Präsides der Kongregationen im Orden eingeladen waren, um sich mit dem Generalabt beraten zu können, kam ich mit meinem italienischen Mitassistenten, Pater Sebastiano aus der berühmten Abtei Casamari unweit von Rom, ins Gespräch. Völlig abgeschlagen und erschöpft von den vielfältigen Aufgaben, mit denen uns der Generalabt bedacht hatte, hatten wir auf einem ruhigen Plätzchen Zuflucht gefunden. Er sagte: „Questo loco se chiamaria megliore *Birkenau* no *Birnau*! – Dieser Ort sollte vielmehr *Birkenau* und nicht *Birnau* heißen!"

Wieder ein anderer Kollege verließ uns schon nach ein paar Monaten, weil er dem Druck im Generalabtshaus nicht gewachsen war. Die Atmosphäre dort war insgesamt bedrückend. Daran konnte auch die schöne Lage auf dem Aventin nichts ändern.

Nach zwei Jahren in Rom, in denen ich vor lauter Arbeit von der Stadt recht wenig gesehen hatte, bat ich Abt Gerhard von Heiligenkreuz dann, mich wieder zurückzuholen. Es stellte sich heraus – und damit hatte ich von mir aus nicht gerechnet –, dass das eine schwere Enttäuschung für den Generalabt war, der mich doch sehr geschätzt hatte. Ich glaube, es war ihm auch nicht ganz unangenehm gewesen, einen Grafen unter seinen Assistenten zu haben.

Ich hatte vor, nun endlich meine Dissertation zu schreiben. Ein Thema hatte ich schon lange, bislang war mein Leben aber zu bewegt gewesen, um mich ausgiebig damit zu beschäftigen. Auch einen Dissertationsvater, Pater Weiler, Professor für Ethik und katholische Soziallehre an der Katholisch-Theologischen Fakultät der Universität Wien, hatte ich schon. Schreiben wollte ich zur logischen Ableitung der Berechtigung des Marktes aus dem katholischen Prinzip der Subsidiarität, einer der wichtigen Säulen der katholischen Soziallehre. Ich bin ein Anhänger der sozialen Marktwirtschaft. Der Markt ist kein Gott, er ist jedoch nützlich. Es kam jedoch anders, denn kaum hatte ich meine Literatur zusammen und mich für die notwendigen Seminare für Dissertanten inskribiert, wurde ich von der Bischofskonferenz zum Nationaldirektor der *Päpstlichen Missionswerke* berufen. Und mein Abt stimmte zu.

Ungefähr zur selben Zeit, im Jahr 1994, wurde mein Abt gebeten, mich als Bundesseelsorger im Malteserhospitaldienst zur Verfügung zu stellen. Dem Malteserorden war meine Familie seit Jahrhunderten verbunden. Bereits im 18. Jahrhundert gab es einen Henckel von Donnersmarck, der Professritter des Ordens war, und auch mein Onkel Lazarus war Präsident der schlesischen Malteser gewesen. Beide meiner Eltern waren Mitglieder und mein Bruder Leo Ferdinand Präsident der deutschen Assoziation des Ordens. Insofern war meine Ernennung zum Bundesseelsorger der Malteser beinahe eine logische Konsequenz, der ich schon aus den genannten historischen Gründen gerne nachkam. Der Ernennung verdanke ich seit dieser Zeit viele wunderbare Begegnungen mit in aufopfernder Weise pflegenden Maltesern. Zweimal begleitete ich Pilgerzüge nach Lourdes und machte Wallfahrten nach Malta, Rhodos und Rom mit. Inzwischen bin ich innerhalb des Ordens zum *Kaplan ad honorem* avanciert und zum Spiritual des Großpriorats von Österreich. Aus dieser Aufgabe ergaben sich zahlreiche seelsorgliche Begegnungen – bis heute.

Missio

Die Päpstlichen Missionswerke, kurz *Missio*, sind als weltweite Organisation dem *Apostolischen Stuhl* (lat. *Sancta Sedes*), der den Staat Vatikanstadt und die römisch-katholische Kirche international vertritt, unterstellt. Ihr Sitz ist also in Rom, in den einzelnen Ländern gibt es jeweils nationale Direktionen.

Das lateinische Wort *missio* bedeutet *Sendung*, womit die Hauptaufgabe der Missionswerke gekennzeichnet ist. Wir sollen als Christen unseren Glauben weitergeben, jedoch natürlich, ohne Zwang auszuüben und ohne jemanden seiner Freiheit zu berauben, sondern vielmehr als Angebot. Wir haben bei

Weitem das beste Produkt, keine Religion kann inhaltlich mit uns konkurrieren. Das Christentum stellt mit seinem Primat der Liebe den Höhepunkt aller Religionen dar.

In der Hauptsache hat sich die *Missio Österreich* fünf Aufgaben gestellt: Erstens will sie die wachsende Weltkirche in Afrika, Asien und Lateinamerika stärken, die im Unterschied zur Kirche Europas im Wachsen begriffen ist, jedoch oft nicht die notwendigen Mittel vorfindet, um effizient wirksam sein zu können. Zweitens will sie den Ärmsten der Armen, die etwa durch Naturkatastrophen in ihrer Existenz bedroht sind, vor Ort durch Maßnahmen der Soforthilfe beistehen. Auch den Wiederaufbau solcher betroffenen Regionen unterstützt sie dann in einem nächsten Schritt. Drittens baut sie Kindern und Jugendlichen eine Zukunft durch ihr Bildungsprogramm. Viertens unterstützt die *Missio* Priester in Afrika, Asien, Lateinamerika und Ozeanien, die oft nicht nur als Seelsorger agieren, sondern auch oft erste Anlaufstelle für Kranke und Hilfesuchende sind. Da die Räumlichkeiten für die übervollen Priesterseminare dort nicht immer in ausreichendem Maß vorhanden sind und das Ausbildungsniveau darunter leidet, greifen die Päpstlichen Missionswerke auch hier unterstützend ein. Fünftens schließlich hat sie es sich zur Aufgabe gestellt, auch in Europa das missionarische Bewusstsein zu fördern, also einen missionarischen Impuls zu geben. Dieser richtet sich vor allem an junge Menschen, denn: „Junge Menschen sind die Hoffnung der Mission", wie Papst Franziskus glaubt.[25] Die Mittel, die die *Missio* für ihre Aufgaben benötigt, werden aus Spenden, die in reichen Ländern gesammelt werden – unter anderem am Weltmissionssonntag –, generiert. Die Päpstlichen Missionswerke sind, kurz gesagt, eine Solidaritätserklärung der Kirche in den reichen Ländern mit derjenigen in den armen Ländern, die unserer Hilfe aus diversen Gründen bedürfen.

Ich stand der *Missio* in Österreich in den Jahren 1994–1999 als Nationaldirektor vor. Das kam ganz unerwartet für mich. Mein Vorgänger, der Weihbischof der Erzdiözese Wien, Florian Kuntner (1933–1994), der 1987 zum Bischofsvikar für Mission und Entwicklungshilfe ernannt worden war, hatte sich 1994 bei einem seiner Auslandsaufenthalte eine seltene Tropenkrankheit zugezogen und war unerwartet verstorben.

Ich war damals gerade bei meinem Bruder in New York, als mich der Apostolische Nuntius anrief und mich dazu aufforderte, sofort zurück nach Wien zu kommen und mich mit ihm in Verbindung zu setzen. Da ich bereits ein Ticket gebucht hatte, sagte ich ihm, dass das erst am darauffolgenden Tag möglich sein würde. Bevor ich zu ihm in sein Büro nach Wien fuhr, hatte ich mich noch bei meinem Abt in Stift Heiligenkreuz danach erkundigt, ob er Bescheid wisse, worum es denn ginge. Er teilte mir mit, dass ich Direktor der Päpstlichen Missionswerke werden sollte.

Die Zeit bei der *Missio* war anfangs recht schwierig für mich, weil die Einrichtung damals mehr oder weniger in der Hand von Befreiungstheologen war. Die Befreiungstheologie fußt auf einer theologischen Denkweise, die in Lateinamerika entstanden ist und – herausgefordert durch die sozialen Probleme dieses Kontinents – zu überzogenen Konsequenzen geführt hat. Auch marxistisches Gedankengut ist in ihr aufgegangen, das Buch *Exodus* wurde als Revolution gedeutet und die Liturgie bisweilen als Feier des Klassenkampfs interpretiert. Ohne Zweifel haben viele Vertreter dieser Theologie sozial Großes geleistet, aber die theologisch-spirituellen Gedanken sind in die Irre gegangen. Kardinal Ratzinger, der spätere Papst Benedikt XVI., hat als Präfekt der Glaubenskongregation eine klare Abgrenzung von falschen Gedanken der Befreiungstheologien vorgenommen ... Ich fühlte mich mit einem Wort nicht sehr wohl dort. Ich bin nun jedoch von Natur aus niemand, der sich unangenehmer Menschen entledigt, sie vor die Türe setzt. Also versuchte ich, auf sie einzuwirken – und hatte damit mittelfristig auch ein wenig Erfolg.

In den Medien wurde ich damals bereits als Bischofskandidat gehandelt, auch mein Vorgänger bei der *Missio*, Florian Kuntner, war schließlich zum Weihbischof ernannt worden und im Übrigen dann auch mein Nachfolger, Weihbischof Ludwig Schwarz. Das wäre im Grunde nicht das gewesen, was ich mir gewünscht hätte, weil ich für mich das Leben als Mönch und Ordensmann gewählt hatte. Ich hätte mich dem Willen der Kirche jedoch gebeugt, wäre es anders gekommen. Ich dachte also, dass meine Berufung zur *Missio* als ein Schritt dorthin gedacht war. Dem war jedoch nicht so, und das kam so: Neu im Amt machte ich 1994 den Jahresabschluss für das Jahr 1993. Ich hielt mich dabei exakt an die Vorgaben meines Vorgängers Florian Kuntner, erkundigte mich also in der Finanzabteilung und der Buchhaltung, wie er das immer erledigt hätte, und tat es ihm nach. Dann sandte ich den Abschluss an die Bischofskonferenz – und erntete heftige Kritik! Es sei viel zu viel Geld ausgegeben worden und so weiter. Ich war schockiert, später begriff ich, dass die Kritik eigentlich nicht mir gegolten hatte, sondern meinem Vorgänger, der sich neben seinen zahlreichen Tätigkeiten einen unabhängigen Bereich aufgebaut und sehr segensreich gewirkt hatte – das „Königreich Kuntner", wie man es dann abschätzig bezeichnete. Er hatte unter anderem sein Bischofsgehalt für zahlreiche Reisen nach Afrika, Asien und Lateinamerika aufgewendet. Das hatte unter den anderen Bischöfen großen Neid erweckt. Ich denke, dass sie ihm die vielen Auslandsaufenthalte nicht gegönnt haben, von denen ich in meiner Amtszeit dann bewusst Abstand nahm.

Die Rache, die man nun an meinem Vorgänger nicht mehr üben konnte, traf also mich. Ich wurde zum Sekretär der Bischofskonferenz zitiert und mit heftigen Vorwürfen bedacht. Das war eine äußerst unangenehme Lage, in der ich – noch dazu ein gelernter Ökonom – mich mit einem Mal befand. Es stellte sich letztendlich heraus, dass es tatsächlich ein Problem in der Buchhaltung gab, das als solches jedoch schon jahrelang existiert hatte, also auch unter Florian Kuntner. Obwohl ich also gänzlich schuldlos an der Misere war, beschädigte sie mein Renommee so nachhaltig, dass ich wohl als Bischof nicht mehr infrage kam. Im Grunde empfand ich das jedoch als eine Fügung des Himmels, weil das ohnehin nicht meiner Lebensplanung entsprochen hätte. Der Ort, der für mich zur Heimat geworden war, war das Stift Heiligenkreuz.

Da Florian Kuntner auch wegen seiner Reisen beneidet worden war, beschloss ich, vorerst keinerlei Auslandsreisen zu unternehmen. Ich hätte diese ja im Unterschied zu ihm aus Spendengeldern finanzieren müssen. Meine Devise lautete wie folgt: „Ich habe Woche für Woche Vertreter sämtlicher Kontinente bei mir im Büro und brauche daher nicht zu reisen." Zumindest nicht ins Ausland. In Österreich tourte ich regelrecht durch die Bundesländer, um für den Gedanken der „Sendung" bei den Katholiken Werbung zu machen. Auch meine Diözesandirektoren besuchte ich regelmäßig. Immer besser fand ich mich in meine Aufgaben bei der *Missio* ein und lernte die Weltkirche von einer mir bis zu diesem Zeitpunkt unbekannten und sehr vitalen Seite kennen. Die Kirche in Mitteleuropa ist alt und müde, verglichen mit der jungen und lebendigen in Afrika, Lateinamerika und Asien. Das ist ein ungemein motivierendes Faktum. Auch verstand ich immer besser das Wort von Florian Kuntner, die Mission sei keine Einbahnstraße, denn heute lernt Europa von den jungen Kirchen. Von dort kommen nun Priester, um uns zu helfen. Früher war das genau umgekehrt. Die jährlich stattfindenden Missionsstudientagungen in Österreich brachten diesbezüglich ungemein aufschlussreiche

Begegnungen mit erfahrenen Missionaren und vor allem Missionarinnen. Die ebenfalls jährlich abgehaltene Tagung aller Nationaldirektoren in Rom erweiterte den Horizont auf die gesamte katholische Welt. Seit meiner Zeit bei der *Missio* war ich jedenfalls wieder ein katholischer Optimist, wie auch immer es bestellt sein sollte um die Kirche in Europa.

Irgendwann kam dann doch der Moment, an dem ich meine Zurückhaltung Auslandsreisen gegenüber aufgeben musste. Ich hatte im Jahr 1997 bei der Ökumenischen Begegnung in Graz den mexikanischen Bischof Samuel Ruiz eingeladen und zehn Tage lang betreut. Als dann 1998 die Meldung von einem grässlichen Massaker in der Provinz Chiappas, seiner Diözese, eintraf, fühlte ich mich verpflichtet, ihm aus Solidarität einen Besuch abzustatten. Dort erlebte ich hautnah die schwierige und gefährliche Situation der indigenen Völker und die politischen Spannungen. Bei meinem Aufenthalt dort lernte ich jedoch auch die faszinierende Seite Mexikos kennen. Insgesamt hatten sich meine anfänglichen Schwierigkeiten bei der *Missio Österreich* in Wohlgefallen aufgelöst und mein Leben bereichert.

Nach fünf Jahren Amtszeit in Österreich wurde ich in die Zentrale der *Päpstlichen Missionswerke* in Rom berufen, um als einer der vier Generalsekretäre tätig zu werden. Vielleicht war ich der Kongregation für die Evangelisierung der Völker positiv aufgefallen. Ich sollte das „Werk des heiligen Petrus" leiten, das die Priesterausbildung in den Missionsländern fördert. Das war eine große Aufgabe, denn der Priesternachwuchs in diesen Ländern stieg ständig an, er überkompensierte die Rückgänge in Europa und der übrigen westlichen Welt geradezu. Ich hatte bereits im „Palazzo della Propaganda" meinen Schreibtisch eingenommen, als ich im Februar 1999 zur Abtwahl nach Heiligenkreuz gerufen wurde.

Abt von Stift Heiligenkreuz

Im Jahr 1999, 22 Jahre nach meinem Eintritt ins Kloster und am 56. Jahrestag meiner Taufe, am 11. Februar 1999, wählten mich meine Mitbrüder zum Abt. Für mich kam das gänzlich unerwartet. Ich hatte stets Freude daran gehabt, mich als Priester und Mitbruder für unsere Gemeinschaft hier einzusetzen, mich einbringen zu können, hatte aber nie irgendwelche Ambitionen damit verbunden. Karriere zu machen, hatte ich ja ganz bewusst mit dem Ordenseintritt hinter mir gelassen. Dass die Entscheidung auf mich fiel, war auch insofern verwunderlich, als ja üblicherweise ein Mitbruder aus der Mitte der Gemeinschaft heraus gewählt wurde. Ich hingegen hatte bislang sehr viel Zeit außerhalb unseres Klosters verbracht, etwa im Stift Rein, als Assistent des Generalabts in Rom oder wie zuletzt bei den *Päpstlichen Missionswerken* in Wien und Rom.

Von Rom aus reiste ich auch zur Wahl nach Stift Heiligenkreuz an. Im Flugzeug neben mir saß ein Mitbruder aus Sri Lanka, der ebenfalls in Rom tätig war. Er sagte zu mir: „Sie wissen schon, dass man Sie zum Abt wählen wird!" Ich fiel aus allen Wolken, antwortete, dass ich ihm das nicht glauben würde, da ich innerklösterlich eben kaum je ein Amt ausgeübt hatte, sondern immer anderswo eingesetzt gewesen war. Ich wies das also strikt zurück damals, hielt es für ein Ding der Unmöglichkeit, dennoch war es ein Denkanstoß für mich. Gab es tatsächlich Brüder, die mich als ihren Abt sahen? Es gab sie. Meine Wahl ging sogar sehr schnell über die Bühne, da sie in lediglich zwei Wahlgängen und mit einer eindeutigen Mehrheit verlief.

So etwas wie einen Wahlkampf gibt es bei uns nicht. Auch potenzielle Kandidaten, die sich um das Amt bewerben, kennen wir nicht. Wir bereiten uns durch das Gebet auf die Wahl des Abtes vor. Wir werfen uns dabei auf die Knie und erwägen im Gebet, wer der für das Amt und das Haus am besten Geeignete sei. Aus dieser Atmosphäre des Gebets kommt dann hoffentlich die richtige Entscheidung. Im Grunde ist das ein ähnlicher Vorgang wie bei der Papstwahl, in einem kleineren Rahmen natürlich. Im Unterschied zu Bischöfen, die eingesetzt werden, erfolgt die Wahl der Äbte also demokratisch. Das verschafft uns einen Vertrauensbonus bei Journalisten. Wir sind zumindest in den Medien etwas weniger schlecht angesehen als Bischöfe.

Ich habe es nie angestrebt, Abt zu werden. Wie vieles in meinem Leben brach dieses Amt gewissermaßen über mich herein. Ich akzeptierte das Ergebnis der Wahl selbstverständlich, weil ich es als eine Form des Gehorsams betrachtete, mich dem Willen meiner Brüder zu beugen und das Amt zu übernehmen.

Kardinal Schönborn zelebrierte das feierliche Pontifikalamt, und Maurus Esteva, den ich bei meinen ersten Besuchen in der Zisterzienserabtei Santa Maria de Poblet kennengelernt hatte und der inzwischen zum Generalabt der Zisterzienser avanciert war, spendete mir die Benediktion. Dass ausgerechnet er es war, der mich zum Abt weihte, war gleichsam ein symbolischer Akt für mich, der einen Bogen aus der Vergangenheit in die Gegenwart spannte und zur Vollendung brachte, was womöglich auch dort begonnen hatte: In der Abtei von Maurus Esteva war es zu meiner ersten intensiven Berührung mit den Zisterziensern gekommen, einer Berührung, die mir zu denken gegeben hatte und die sich auf mein weiteres Leben auswirken sollte. Heute weihte mich der ehemalige Abt von dort zum Abt von Heiligenkreuz. Der Kreis schloss sich gewissermaßen.

Von diesem Zeitpunkt an war Maurus Esteva mein Generalabt, den ich im Zuge regelmäßig stattfindender Sitzungen immer wieder in Rom traf. Er war ein äußerst kooperativer Chef.

Es wäre ein Missverständnis, zu glauben, dass ich aufgrund meiner ökonomischen Ausbildung für das Amt des Abtes prädestiniert gewesen wäre, wiewohl man das immer wieder vermutet. Das Amt des Abtes ist in erster Linie das eines Vaters für die klösterliche Gemeinschaft, worauf schon die Bezeichnung hindeutet. Das Wort „Abt" leitet sich nämlich aus dem hebräischen *abba* – *Vater* – ab. Er ist also Vater, Seelsorger, Lehrer, Begleiter und Seelenarzt für seine Mitbrüder – all diese Bezeichnungen für den Abt sind in der *Regel des heiligen Benedikt* festgehalten – und nicht der Manager der Abtei, der er vorsteht. Er hat sogar die Verpflichtung, einen Mitbruder mit der ökonomischen Leitung zu betrauen. Als Diplomkaufmann habe ich mich möglicherweise mehr für die wirtschaftlichen Angelegenheiten des Klosters interessiert als mein Vorgänger, zu meinem ureigentlichen Aufgabenbereich gehörte das allerdings nicht.

So manches Wissen, das ich aus meiner Zeit als Manager mitgebracht hatte, kam mir jedoch sicherlich zugute. Unter anderem hatte mir mein Vorgänger bei *Schenker Spanien* eingeschärft, dass auf den Tisch des Geschäftsführers lediglich diejenigen Fälle gelangten, die schiefgelaufen waren, insgesamt also oft eine schiefe Optik entstehen könnte, vor der man sich zu hüten hätte. Mit all denjenigen Projekten, die geglückt seien, und das sei der Großteil, würde man ja nicht betraut. Das galt für den Abt genauso wie für den Geschäftsführer.

Als Abt ist man aus der Gemeinschaft der Mitbrüder ein wenig herausgehoben und in eine gewisse Form von Einsamkeit gestellt. Obwohl ich ein Mensch bin, der auf Kontakt hin orientiert ist, Aristoteles würde sagen, ein *Zoon politikon*, ein Gemeinschaftswesen, habe ich diese Einsamkeit, die das Amt mit sich brachte, oft genossen. Ich legte großen Wert darauf, soweit es möglich war, am Gemeinschaftsleben teilzunehmen. Gelang das aber aufgrund anderweitiger Aufgaben nicht, erlebte ich das nicht als Verzicht. Heute, da ich als Altabt im Heiligenkreuzerhof in Wien wohne, verhält es sich ähnlich. Ich bin nicht einsam. Was ich jedoch gelegentlich vermisse, ist der strukturierende und zugleich auch disziplinierende Faktor des gemeinschaftlichen Lebens im Kloster: das gemeinsame Gebet, das gemeinsame Einnehmen der Mahlzeiten, schlicht all diejenigen Regeln, die unser Leben im Kloster ausmachen.

Meine Stärke, die ich hoffentlich für das Stift habe einsetzen können, ist nicht ausschließlich die spirituelle, sondern mehr die logistische, im Sinne einer konkreten Abwicklung von Projekten, die dem Stift und damit auch dem Glauben zugutekommen. Ich bin mit Sicherheit kein hochspiritueller Führer oder Seelsorger, mit dem Charakter eines Gurus. Ich bin auch kein gesuchter Beichtvater. Ich bin jedoch ein Mensch, der keine starken Sympathien oder Antipathien empfindet. Dieser Umstand hatte mich wohl auch vor einer zu frühen Eheschließung bewahrt. In meiner Funktion als Abt, die ja eine leitende ist, erwies sich das aber als sehr hilfreich. Niemand im Kloster war mir wirklich unsympathisch und mit niemandem war ich zu eng befreundet. Da ich stets in guter und durchaus freundschaftlicher Distanz, jedoch eben auf Distanz zu allen war, ermöglichte mir das als Abt nun, Schwierigkeiten, die im Zusammenleben wie dem einer Klostergemeinschaft immer wieder aufkommen, auszugleichen.

Es gibt eine Stelle aus der *Regula Benedicti*, die mich immer sehr berührt hat. Sie handelt von den Aufgaben eines Abtes, der als spiritueller Vater und Seelsorger für das Wohlergehen seiner Mitbrüder, zugleich aber auch für ihr Wohlverhalten verantwortlich ist, möglicherweise also auch strafend eingreifen muss. Benedikt schreibt:

Immer gehe ihm (dem Abt, Anm.) Barmherzigkeit über strenges Gericht, damit er selbst Gleiches erfahre. Er hasse die Fehler, er liebe die Brüder. Muss *er aber zurechtweisen, handle er klug und gehe nicht zu weit; sonst könnte das Gefäß zerbrechen, wenn er den Rost allzu heftig herauskratzen will.* (RB 64,10–12)

Das Gefäß steht hier für die klösterliche Gemeinschaft, die zerbrechen kann, lässt man als Abt nicht Barmherzigkeit walten, gewissermaßen Gnade vor Recht ergehen. Nicht in pedantischer Rechthaberei zeigt sich Größe, sondern im Akt des Verzeihens. Es sind die Fehler, die Sünden, die man hassen soll, nicht aber die Brüder, die in einem Moment der Schwäche gesündigt oder gefehlt haben. Nie der Mensch selbst ist hassenswert, wohl aber sein Tun. Das macht einen gravierenden Unterschied.

Ich habe diese Stelle auf die Bitte meines Neffen hin als Grundlage für meine Predigt bei seiner Hochzeit verwendet, weil letztlich auch eine Ehe ein solches Gefäß sein kann, das, kratzt man den Rost zu heftig heraus, daran zerbrechen kann. Allzu große Strenge oder das Reiten auf Paragrafen ist nie zuträglich. Pedanterie kann auf Dauer auch die Beziehung von Eheleuten beschädigen.

Wie soll ein Abt seinen Dienst gut ausführen? Was zeichnet einen guten Abt aus? Unweigerlich ist man mit solchen Fragen konfrontiert, übernimmt man ein so verantwortungsvolles Amt. Nach Antworten habe ich in der Literatur einer Zeit gesucht, die für unseren Orden sehr prägend war – im Mittelalter. So schreibt etwa Otto von Freising (1112–1158), auf dessen Bitte hin der heilige Leopold das Stift Heiligenkreuz gegründet hat, in seiner *Weltchronik*[26]: „Es ist des Weisen Pflicht, sich nicht nach Art eines kreisenden Rades drehen zu lassen, sondern in der Beständigkeit der Tugend wie ein Fels in Gott festzustehen."[27] Er nimmt dabei Bezug auf das alte Bild vom Rad, wie es schon aus den *Carmina burana* bekannt ist. Das Rad, im konkreten Fall das Glücksrad – das Rad der Fortuna –, dreht sich blindwütig und hebt dabei den einen hoch hinauf, den anderen wiederum vernichtet es jedoch:

Fortunas Rad, es dreht sich um,
mich Fallenden reißt's nieder;
andere trägt es wieder rauf … [28]

Der Weise ist nach Otto von Freising nun dazu aufgefordert, sich dem Kreisen des Rades zu widersetzen. Er darf kein Spielball der Mächte sein, sondern muss „wie ein Fels in Gott stehen", um seinen Mitbrüdern Halt und Orientierung geben zu können. Er muss dem Getriebensein der Welt standhalten, denn nur dann, wenn er selbst zur Ruhe gekommen ist, für sich selbst in spiritueller Weise gesorgt hat, kann er seinen Mitbrüdern hilfreich sein. So können wir es auch in der Schrift des heiligen Bernhard von Clairvaux *De consideratione* nachlesen, die er als Vademecum, als Leitfaden, für seinen Schüler, Papst Eugen III., verfasst hat.

Das Rad der wahren und der falschen Religion (De rota verae et falsae religionis) wiederum ist der Titel eines Werkes des mittelalterlichen Geistlichen Hugo de Folieto (1110–1174).[29] Davon besitzt die Bibliothek von Heiligenkreuz eine kostbare mittelalterliche Handschrift. Auf zwei Grafiken ist dort jeweils ein Abt im Scheitelpunkt eines Rades dargestellt. Einmal stemmt er den Abtsstab zum Zeichen seiner Herrschaft senkrecht auf den Boden und richtet über einen Mönch, der irregegangen ist, in der anderen Darstellung hält er den Stab in schräger Position nach oben segnend über einen guten Mönch. Der Abt ist Richter und guter Hirte zugleich. Das versuchte ich mir zum Leitfaden während meiner Amtszeit zu machen.

In der konkreten Umsetzung bedeutete das für mich, dass ich für meine Mitbrüder inner- und außerhalb des Klosters zur Verfügung stehen wollte, so gut es ging.

Zu meinen Aufgaben gehörte es auch, die monatlichen Kapitelsitzungen einzuberufen und zu leiten, im Rahmen derer klosterinterne Angelegenheiten wie etwa die Aufnahme von Novizen geregelt und entschieden werden. Ferner war ich Rektor und ab dem Jahr 2007 auch Kanzler (*Magnus Cancellarius*) unserer Hochschule hier im Stift.

Als Abt war ich auch Mitglied des Kongregationskapitels der österreichischen Zisterzienser und später zudem Abtpräses, also Leiter der Kongregation der Zisterzienser von Österreich. In dieser Funktion musste ich sämtlichen Klöstern, die zu unserem Orden gehören, regelmäßig Besuche abstatten. Die Visitationstätigkeit fiel mir jedoch nicht leicht, und zwar aus mehreren Gründen. Zum einen war es oft die Reisetätigkeit an sich, für die ich aufgrund meiner diversen anderen Verpflichtungen kaum Zeit fand. Zum anderen stellte es für mich eine seelische Belastung dar, zu sehen, dass es andere Klostergemeinschaften schwerer hatten als wir in Heiligenkreuz, sich zu behaupten und neue Mitbrüder für sich zu gewinnen. Ich legte diese Aufgabe also bald wieder zurück.

Der Abt eines Klosters ist automatisch auch Mitglied des Generalkapites aller Zisterzienser weltweit, das alle fünf Jahre in Rom tagt. Dreimal durfte ich daran als regierender Abt teilnehmen. Für eine Zeit lang gehörte ich sogar dem engeren Rat des Generalabts Maurus Esteva an, was jährlich mehrere Aufenthalte in Rom notwendig machte. Mit Maurus Esteva stand ich seit meinen ersten Besuchen in Santa Maria de Poblet in freundschaftlichem Kontakt. Da ich über gute Spanischkenntnisse verfügte, sandte er mich einmal als Convisitator nach Poblet.

Zu den Aufgaben eines Abtes gehört jedoch vor allem die der Pastoral selbst. Als Seelsorger ist er in verschiedene Pfarren und

Vereine eingebunden. Neben Taufen, Trauungen und Begräbnissen war es von Anbeginn meiner Amtszeit an das jährliche Spenden des Sakraments der Firmung im Auftrag des Bischofs. Die Firmgruppen lade ich immer nach Heiligenkreuz ein, wo sie von einem jüngeren Mitbruder durchs Stift geführt werden. Dann kommt es zu eine Begegnung mit dem Firmspender, bei der ich die Firmkandidaten bitte, mir Fragen und Themen zu geben, von denen sie möchten, dass ich in der Predigt bei der darauf Firmung eingehen soll. Das macht die Predigt wesentlich lebendiger. Schließlich nehmen die Firmkandidaten dann auch noch am Gebet der Vesper in der Stiftskirche teil.

In einer benachbarten Gemeinde von Heiligenkreuz hat sich aus Gefirmten verschiedener Jahrgänge, die nach zwei bis drei Jahrzehnten nun natürlich erwachsen sind, eine Gruppe gebildet, die sich „Glaubensstammtisch" nennt. Diesen begleite ich seit Jahren mit einem Vortrag im Jahr, sie selbst laden auch immer wieder andere Mitbrüder von Stift Heiligenkreuz zu Vorträgen ein.

Die Botschaft der Kunst – den Glauben sinnfällig machen

Es war die Kunst der Zisterzienser, die mich letztendlich dazu bewegt hatte, in diesen und keinen anderen Orden einzutreten. Als Abt sah ich meine Aufgabe auch darin, gerade Kunst zu fördern, wenn es sich ergab. Im Stift Heiligenkreuz haben wir das Glück, dass einer unserer Brüder, Pater Raphael Statt, bevor er zu uns kam, in der DDR die Ausbildung zum akademischen Bildhauer an der Kunsthochschule Berlin-Weißensee abgeschlossen hatte. Ich bin sehr stolz darauf, dass es mir in meiner Amtszeit gelungen ist, ihn im Jahr 2010 für die Ausgestaltung der Kapelle für das katholische Pfarrzentrum Trumau gewonnen zu haben. Die Kapelle ist ein Gesamtkunstwerk und repräsentiert als Ganze die Verkündigungsgeschichte, wie sie im Evangelium nach Lukas (Lk 1, 26–38) erzählt wird: Gott schickt den Erzengel Gabriel zu Maria, er verkündet ihr, dass sie Gottes Sohn, Jesus Christus, empfangen werde. Die Gottesmutter ist als frei stehende Bronzeplastik gestaltet, der Engel im Halbrund des Fensters über dem Altar. Das Tageslicht fällt durch das Fenster aus Silenglas und ergießt sich zu bestimmten Tageszeiten wie glühende Lava in den Kapellenraum und auch über die Marienstatue. Pater Raphael hat uns noch eine Reihe anderer ausgezeichneter Bildwerke für das Stift gemacht.

Schon etliche Jahre zuvor, 2002 – damals war Pater Raphael noch nicht in unserer Mitte –, konnte ich den österreichischen Bildhauer und Maler Oskar Höfinger dafür gewinnen, uns für die neue Kapelle bei unserem Studentenheim, das den Namen Leopoldinum trägt, ein Ensemble aus Altar, Ambo und Tabernakel zu gestalten.

Michael Fuchs, wie sein Vater Ernst Fuchs ein bedeutender österreichischer Maler, entwarf vier Grafiken für unser Psalterium, unser Chorbuch. Auch das erfüllt mich mit großer Freude. Auf dem Titelblatt ist David zu sehen, der vor der Bundeslade tanzt (1 Sam 4–6).

Kunst im sakralen Kontext zu fördern, habe ich in gewissem Sinne als eine meiner Aufgaben als Abt betrachtet. Es ging mir dabei nicht um ein Mäzenatentum im herkömmlichen Sinne, ich verstand mich also nie als klassischer Kunstförderer; ergab es sich jedoch, habe ich das Meine dazu beigetragen, dass ein solches Projekt bestmöglich umgesetzt wurde. Wenn der Künstler dann zufällig auch noch ein Mitbruder wie Pater Raphael war, mit dem wir ein großes Talent geschenkt bekommen haben, war meine Freude daran umso größer.

Kult und Kultur sind von Anbeginn eine Symbiose eingegangen. Der Begriff *Kultur* leitet sich schließlich von *Kult* ab. Man darf nicht vergessen, dass Kunst, und da vor allem die bildende

Kunst, ursprünglich im kultisch-religiösen Kontext entstanden ist und auch stand – bis ins Mittelalter beinahe ausschließlich. Sie war Mittel zur Verherrlichung Gottes.

Als „Spediteur Gottes" habe ich es mir zur Aufgabe gestellt, den Glauben nach außen zu tragen. Ich habe mich darum bemüht, Projekte zu verwirklichen, die Stift Heiligenkreuz und die christliche Tradition, auf der es fußt, auch für unsere Zeit attraktiv zu machen. Das war mir als Abt und begeisterter Christ immer ein großes Anliegen.

Nicht immer fiel mir die Entscheidung leicht. Ich muss zugeben, dass ich damals, als die Musikfirma *Universal* auf das Stift zukam und mir vorschlug, unser Chorgebet, den *Gregorianischen Choral*, den wir mehrmals täglich zur Ehre Gottes singen, zu einer CD zu machen, zögerte. War es legitim, aus unserem Gebet gewissermaßen ein Business, aus unserem Kloster eine Marketingmaschine für Gott zu machen? Würde ich, stimmte ich zu, etwas, das mir heilig war, schlicht vermarkten? Nach eingehendem Gespräch mit einem Mitbruder wurde mir klar, dass unserem Chorgebet auch eine apostolische Mission innewohnt, unser Choral ist dazu bestimmt, über unsere Klostermauern hinaus zu wirken. *Music for Paradise* wurde dann ein großer Erfolg. Der Titel *Music for Paradise* spielt übrigens auf das Totenofficium, die Liturgie zum Gedächtnis an Verstorbene, an, das wie folgt lautet: *In paradisum deducant te angeli – Die Engel führen dich ins Paradies.* Wie waren dann sogar in den Charts vertreten und haben mehr als eine Million CDs verkauft. Für die Gemeinschaft hier im Kloster ist es mir Gott sei Dank gelungen, den Medienrummel draußen zu halten. Er hätte unser kontemplatives Dasein gestört. Natürlich haben wir mit *Chant* einiges an Geld verdient – Geld, welches das Stift damals gut brauchen konnte. Und viel wichtiger noch: Wir erreichten mit unserem Chorgebet Tausende Menschen, die ansonsten vielleicht nie davon gehört hätten. Via E-Mail erhielten wir Tausende von positiven Rückmeldungen, gerade auch von Menschen, die nicht zum „inneren Kreis" gehörten. Vielleicht haben wir zumindest in ein paar von ihnen die Saat des Glaubens eingepflanzt. Klöster waren immer schon Zentren der Musik. In unserem Stift gab es in der Barockzeit etwa einen Mönch und Komponisten, Pater Alberich Mazak, der geistliche Musik schuf. Sie wurde in Heiligenkreuz vom Ensemble *dolce risonanza* mehrmals zur Aufführung gebracht und damit dem Vergessen entrissen.

Auch junge Künstler versuchte ich, so gut es ging, zu fördern, indem ich ihnen die Möglichkeit gab, im Kaisersaal des Stiftes zu konzertieren. Von meinem Vorgänger Abt Gerhard habe ich das Projekt des *Heiligenkreuzer Herbstes* unter der Leitung von Roger Salander übernommen und weitergeführt. Ein Schwerpunkt dieser Konzerte lag auf Werken von Komponisten, die in den Wirren vor und während des Zweiten Weltkriegs Österreich verlassen mussten und die nun neu zu entdecken waren.

Ein Kloster wie Heiligenkreuz ist auch ein Ort des Rückzugs für Studenten, Wissenschaftler und Künstler. In der Ruhe können sie sich auf ihre Werke konzentrieren und sich inspirieren lassen. Ich übertreibe nicht, wenn ich sage, dass in den letzten Jahrzehnten Hunderte von Diplomarbeiten, Dutzende von Dissertationen und auch einige künstlerische Werke hier entstanden sind. Besonders stolz macht es mich natürlich, dass im Stift Heiligenkreuz auch das Drehbuch meines Neffen Florian Henckel von Donnersmarck, dem Sohn meines geliebten Bruders Leo Ferdinand, zu dem Film *Das Leben der Anderen* entstanden ist. Mit diesem Film – in der Hauptrolle übrigens der großartige Ulrich Mühe (1953–2007) – konnte Florian zahlreiche internationale Preise erringen, im Jahr 2007 sogar den

Oscar. Zur Nachfeier kam Florian mit besagter Trophäe zu uns nach Heiligenkreuz und wir durften alle einmal den *Oscar* in Händen halten.

Die Philosophisch-Theologische Hochschule Benedikt XVI.

Die gute Entwicklung unseres Hauses, das eine wachsende Gemeinschaft an Mitbrüdern beherbergt, verdankt sich mit Sicherheit auch unserer Hochschule hier im Stift Heiligenkreuz.[30] So müssen die jungen Mitbrüder nach ihrer zeitlichen Profess das Kloster nicht wieder auf Jahre verlassen, sondern sie können hier studieren und zugleich ihr klösterliches Leben bei uns fortsetzen. Auch bietet die Hochschule die Möglichkeit, an ihr später einmal als Professor zu lehren.

Die Hochschule selbst wurde als Ausbildungsstätte von Priestern bereits im Jahr 1802 gegründet, päpstlichen Rechtsstatus hat sie allerdings erst seit 2007, exakt seit dem 28. Jänner dieses Jahres, der ganz nebenbei der Gedenktag des heiligen Thomas von Aquin, jenes großen Gelehrten der Scholastik, ist. Die Erhebung in den Rechtsstatus war uns deshalb ein Anliegen, weil wir von der Katholisch-Theologischen Fakultät der Universität in Wien unabhängig werden wollten. Dort war man uns von Anfang an nicht gerade wohlgesinnt, weil wir ihrer Meinung nach zu papsttreu und zu sehr an der Kirche orientiert waren. In Wahrheit versuchte sie sogar, unser Vorhaben in Rom zu torpedieren. In einem Schreiben sprachen uns die Wiener jegliche Qualifikation ab. Mit einem Wort, sie verrissen unsere Hochschule. Ich hatte eine Kopie ihres Gutachtens bekommen, war also bestens darüber informiert, als ich nach Rom zum Präfekten der Bildungskommission reiste. Große Chancen rechnete ich mir nicht mehr aus. Der Präfekt empfing mich und ich eröffnete das Gespräch damit, dass mir das verheerende Gutachten der Universität Wien bekannt sei und wir nun wohl keine Aussicht mehr auf den päpstlichen Rechtsstatus hätten. Der Präfekt antwortete schmunzelnd: „Im Gegenteil, lieber Abt! Dieses Gutachten der Katholisch-Theologischen Fakultät hat Ihnen überaus genutzt." Er war sich darüber bewusst, dass da vor allem auch Rivalität im Spiel war. Zudem hatte man ja auch von Rom aus Informationen über unsere Lehre eingeholt – und sie als einer Hochschule würdig empfunden. Ich bin auch heute noch sehr froh, dass die Erhebung unserer Hochschule in den päpstlichen Rechtsstatus in meiner Amtszeit als Abt erfolgt ist.

Seit dem Jahr 2007 trägt unsere Hochschule, die übrigens die einzige im Zisterzienserorden überhaupt ist, den Namen von Papst Benedikt XVI. Das war mir wichtig, zum einen, weil ich ein großer Verehrer seiner Theologie bin, zum anderen sollte der Beiname meine Treue zum Petrusamt, die einen der Gründe darstellt, weshalb ich überhaupt ins Kloster eingetreten bin, ausdrücken. Und schließlich war es so, dass Papst Benedikt XVI. an ihrer Promotion in den Status päpstlichen Rechtes ja maßgeblich beteiligt war. Als Kardinal noch hatte er sie 1989 besucht und sie hatte sein Gefallen erweckt. Anfang 2006 stellte ich dann den entsprechenden Antrag im Vatikan, von dem der Heilige Vater Notiz nahm, denn als ich im Frühjahr desselben Jahres in einem anderen Zusammenhang mit ihm in Rom zusammentraf, erkundigte er sich sofort bei mir, wie es denn um unsere Hochschule nun stünde. Ich versicherte ihm, dass das Verfahren im Laufen sei und mit seinem Segen im Herbst des darauffolgenden Jahres unter Dach und Fach sein müsste. So war es dann auch.

Ein Problem stellte eine Zeit lang unsere damals nicht sehr gut bestückte Bibliothek dar. Zwar haben wir in unserer Stiftsbibliothek an die 200 mittelalterliche Manuskripte, auf die wir auch sehr stolz sind, im Großen und Ganzen war der Bestand unserer Bibliothek bis vor einigen Jahren mit ein paar Hunderttausend Bänden aber kein bedeutender. Neuanschaffungen sind stets mit großen Kosten verbunden und wir konnten uns das schlicht nicht leisten. Für die Bewilligung unserer Hochschule wurde uns jedoch von Rom aufgetragen, eine gute und moderne Bibliothek aufzubauen, um sie den zukünftigen Studenten zur Verfügung stellen zu können. Das stellte uns natürlich vor ein schwerwiegendes Problem. Dann ergab sich jedoch etwas, das ich als Fügung des Himmels bezeichnen würde: In Deutschland gab es die Hochschule der Salesianer in Benediktbeuern, die vor der Schließung stand und ihre Bibliothek daher auch nicht mehr benötigte. Also schenkten sie sie uns. Unsere Stiftsbibliothek verfügt nun über eine breite Auswahl an Fachliteratur aus den Bereichen der Philosophie und der Theologie. Mit Spendengeldern finanzieren wir Neuzugänge. Forschung ist ja nichts Statisches. Sie entwickelt sich beständig weiter und wir wollen und müssen unseren Studenten hier die bestmögliche Ausbildung zukommen lassen. Für eine großartige Entwicklung unserer Zeit halte ich in diesem Zusammenhang übrigens, dass die Standardwerke aus Philosophie und Theologie ja mittlerweile auch als Paperback – bei Reclam etwa – erhältlich und so für Studenten wirklich erschwinglich sind. Ich wollte, während ich noch studierte, manche Bücher einfach besitzen und habe sie mir dann jeweils gekauft.

Das Theologiestudium hier in Stift Heiligenkreuz ist nach denselben Grundsätzen des österreichischen Rechts gestaltet, nach denen die staatlichen Theologischen Fakultäten arbeiten. In unserer Hochschule werden an neun unterschiedlichen Instituten die gängigen Fächer der Theologie wie Moraltheologie, Philosophie, Bibelwissenschaften und so weiter unterrichtet. Wir bieten ein zehnsemestriges Diplomstudium der Katholischen Fachtheologie an, das man mit dem *Magister Theologiae* abschließt. Seit Neuestem bieten wir auch ein weiterführendes Studium bis zum Lizenziat an. Wer vom Abt dazu beauftragt wird, kann auch ein Doktorratsstudium anhängen oder sich sogar in dem einen oder anderen Fach habilitieren, um eine Lehrbefugnis zu erhalten. Letzteres allerdings an anderen Fakultäten.

Seit September 2015 bieten wir in unserer Hochschule auch ein *Studium Generale* an, das insgesamt ein Jahr lang dauert und zum Ziel hat, junge Menschen, die nach der Matura stehen und noch nicht genau wissen, wohin es gehen soll, mit einem breiten Spektrum an Wissen zu konfrontieren. Auf diese Weise wollen wir ihnen ihre Berufsfindung erleichtern. Gerade nach Abschluss des Gymnasiums sind junge Menschen oft orientierungslos. Dem wollen wir entgegenwirken. Sie erhalten hier zudem die Gelegenheit, sich für den Zeitraum eines Jahres intensiv in die katholische Weltanschauung und ihre Tradition zu vertiefen, die ich als die fundierte Grundlage für alles Weitere betrachte. Hier können Weichen für die Zukunft gestellt werden.

Vor der Fassade des Haupttrakts der Hochschule steht eine Statue von Papst Benedikt XVI. Als der Heilige Vater von unserem Vorhaben, eine solche anfertigen zu lassen, erfuhr, reagierte er in seiner liebenswürdigen Bescheidenheit vorerst ablehnend. „Ja muss denn das sein?", fragte er in der Sprache seiner bayrischen Heimat. Erst mein Hinweis darauf, dass dieses Denkmal für die Zukunft unserer Hochschule von großer Bedeutung und auch nicht extrem monumental geplant sei, stimmte ihn positiv. Wir verdanken das Kunstwerk übrigens keinem anderen als unserem Künstlermönch und Mitbruder Pater Raphael Statt. Erzbischof Georg Gänswein hat es am 1. Oktober 2015 im Rahmen einer festlichen Veranstaltung enthüllt.

Die Feier markierte das Ende einer dreijährigen Um- und Ausbauphase der Hochschule. Der Ausbau war notwendig geworden, da sich die Anzahl unserer Studenten beinahe vervierfacht hat, seit sie päpstlichen Rechtsstatus besitzt. Die Statue zeigt den Heiligen Vater auf einem Schemel sitzend, sie rekurriert auf eine Szene bei seinem Besuch in Stift Heiligenkreuz 2007. Wie es dazu kam, ist jedoch ein anders Kapitel ...

Die Wette meines Lebens

Meine Entscheidung im Jahr 1976, in einen Orden einzutreten, verstand ich damals vor allem auch als einen Akt der Solidarität mit dem damaligen Papst Paul VI., der nach seiner Enzyklika *Humanae Vitae* – völlig zu Unrecht, wie ich fand – eine Welle der Empörung ausgelöst hatte und heftiger Kritik ausgesetzt war, und ferner dem Papsttum an sich. Zu ihm bekannte ich mich. Ein wenig mehr als 30 Jahre später, 2007, folgte der damals amtierende Papst Benedikt XVI. meiner Einladung – und kam nach Stift Heiligenkreuz. Sein Besuch stellt den unumstrittenen Höhepunkt meines Lebens dar. Ich hatte mein Leben auf den Papst und das Papsttum gesetzt – nun ging die Wette meines Lebens auf.

Ich kannte Papst Benedikt bereits seit 1972. Damals war er noch kein Kardinal und schon gar nicht Papst – und ich Spediteur in Frankfurt am Main. Ich nahm an Einkehrtagen in Bad Wimpfen teil, meine Eltern hatten mich dazu eingeladen, der Referent dort: ein gewisser Professor Ratzinger aus Regensburg. Nie zuvor hatte ich einen Priester sprechen gehört, der so kompetent zu politischen, sozialen und wirtschaftlichen Fragen Position bezog und zugleich die relevante und rezente Literatur dazu so gut kannte.

Im Jahr 1985 – ich war damals schon Priester – begegneten wir einander wieder im Stift St. Georgen am Längsee bei den *St. Georgener Gesprächen*, die der Bischof der Kärntner Diözese Gurk-Klagenfurt, Egon Kapellari, in den Achtzigerjahren ins Leben gerufen hatte. Sie fanden über einen Zeitraum von rund zehn Jahren alljährlich statt und hatten stets hochrangige Referenten vorzuweisen. Jener Professor aus Regensburg, der mich dreizehn Jahre zuvor in Bad Wimpfen so beeindruckt hatte, war nun der Referent. Inzwischen war er Kardinal und Präfekt der Glaubenskongregation.

Themen der Tagung damals waren zum einen die *Ekklesiologie*, also die Lehre von der Kirche, die Joseph Ratzinger immer schon ein großes Anliegen gewesen war – er wollte sie nicht lediglich als Institution, sondern vor allem als theologisch-spirituelles Element verstanden wissen –, und zum anderen die Schöpfungslehre. Es galt, einen Ausgleich zwischen der Schöpfungslehre und den neuen Erkenntnissen in den Naturwissenschaften, und da vor allem in der Evolutionstheorie, zu finden. Joseph Ratzinger vertrat vehement jenen Standpunkt, der im *Zweiten Vatikanischen Konzil* grundgelegt war und der besagte, dass diese neuen Erkenntnisse zu akzeptieren seien. Dennoch sei das Buch *Genesis*, das ja die Schöpfungslehre enthält, nicht als Mythos abzutun, vielmehr seien die Probleme, die sich durch neue Erkenntnisse ergäben, dennoch theologisch aufzuarbeiten.

Bischof Kapellari bezweckte mit den *St. Georgener Gesprächen* jedoch nicht nur einen Wissensaustausch. Er wollte erreichen, dass man im Zuge der Veranstaltung die hochkarätigen Vortragenden auch tatsächlich kennenlernen konnte. So verbrachte man dort stets eine ganze Woche miteinander, auf Tuchfühlung gewissermaßen. Täglich feierte man die heilige Messe miteinander, nahm die Mahlzeiten gemeinsam ein, ging miteinander spazieren und hatte dabei wie nach den Vorträgen selbst die Gelegenheit zu ausführlichen Gesprächen, ja sogar zu sehr informellen Kamingesprächen, wie wir sie damals nannten.

Kardinal Ratzinger, der Ehrengast des Jahres 1985, verbreitete eine Ehrfurcht erweckende Aura um sich, und zwar in einem solchen Maß, dass sich bei den Mahlzeiten niemand neben ihm Platz zu nehmen getraute. Also bat mich Bischof Kapellari explizit darum, mich zu ihm zu setzen. Das tat ich gerne und so ergaben sich intensive Gespräche zwischen ihm und mir. Seit diesem Zeitpunkt kannten wir einander also näher, und wenn wir einander später trafen, etwa in Rom, begrüßten wir einander herzlich. Der Grundstein für eine Vertiefung der Beziehung war damit gelegt.

Noch vor seiner Wahl zum Papst, im Jahr 2005, hatte Kardinal Ratzinger eine Einladung zum 850-jährigen Jubiläum der Wallfahrtskirche Mariazell am 8. September 2007 bekommen. Nun, da er Papst war, war es äußerst fraglich, ob er dieser würde nachkommen können. Im Frühjahr 2006 stand dann fest, dass er tatsächlich kommen würde. In eben diesem Frühjahr hatte ich zweimal die Gelegenheit, Papst Benedikt XVI. zu treffen. Einmal, als ich mit *Pro Oriente*, einer Stiftung, die es sich zum Ziel gesetzt hat, die Beziehungen zwischen der römisch-katholischen Kirche und den orthodoxen Kirchen zu fördern, wenn nicht gar zu überwinden, in Rom war. Ich war damals der Vizepräsident von *Pro Oriente*.

Bei einer Generalaudienz in der Großen Audienzhalle war ich nicht unweit von Papst Benedikt platziert. So konnte ich ihn persönlich begrüßen und den päpstlichen Ring küssen. Ich nahm die Gelegenheit wahr, ihn im Rahmen seines Österreich-Besuchs in unser Stift einzuladen. „Wenn Sie nach Österreich kommen, Heiliger Vater, würden Sie mit Ihrem Besuch niemandem eine größere Freude machen als meinen Mitbrüdern und mir in Stift Heiligenkreuz." So ähnlich formulierte ich es. Papst Benedikt XVI. erkundigte sich daraufhin sofort nach unserer Hochschule und wollte wissen, ob unsere Eingabe, der Hochschule päpstlichen Rechtsstatus zu verleihen, bereits erfolgt sei. Er wusste also genau darüber Bescheid, dass wir vorgehabt hatten, ein solches Verfahren einzuleiten. Ich sicherte ihm zu, dass der Antrag bereits im Jänner desselben Jahres erfolgt sei und, käme nichts dazwischen, bis September 2007 alles unter Dach und Fach sein sollte. Damit endete unser Gespräch. Es gelang mir gerade noch, Prälat Gänswein ein Schreiben mit meiner Einladung zu überreichen.

Einen Tag vor Palmsonntag desselben Jahres hatte ich noch einmal die große Freude, mit dem Heiligen Vater zusammenzutreffen. Dieses Mal im Zuge einer Privataudienz für Erzherzog Otto von Österreich, den engsten Kreis seiner Familie und für Vertreter des Ordens vom Goldenen Vlies. Wiederum lud ich den Papst sehr herzlich dazu ein, nach Stift Heiligenkreuz zu kommen. Er reagiert durchaus gewogen, eine fixe Zusage gab er mir jedoch nicht.

Selbstverständlich hatte ich zuvor jeweils unseren Generalabt Maurus Esteva, den Apostolinischen Nuntius in Wien, Erzbischof Edmond Farhat, Kardinal Schönborn und den österreichischen Botschafter am Vatikan von meiner wiederholten Einladung Seiner Heiligkeit informiert.

Lange hörte ich dann nichts mehr aus Rom. Weder eine verbindliche Zusage erreichte mich, noch eine Absage. Meine Unsicherheit wuchs. Im Februar 2007, also exakt ein halbes Jahr vor dem offiziell angekündigten Österreich-Besuch des Papstes, hatte ich Pater Jozef Mai SJ als Gast bei mir im Stift. Ich kannte ihn vom *Sekretariat für die Einheit der Christen* in Rom her. Beim Mittagessen in unserem Refektorium – er war übrigens hocherfreut über die große Anzahl unserer jugendlichen Mitbrüder – erzählte ich ihm von meinen wiederholten Versuchen, den Heiligen Vater nach Stift Heiligenkreuz einzuladen, die bislang zwar freundlich gehört worden, aber unbeantwortet geblieben waren. Er forderte mich auf, meine Einladung schriftlich noch einmal auszusprechen und in dem Schreiben auf das Florieren des Klosters, das im Unterschied zu anderen Abteien einen beachtlichen Neuzuwachs an jungen Mönchen verzeichnen konnte, hinzuweisen. Er werde es Prälat Gänswein vorlegen. Ich denke, dass es letztendlich dieses Schreiben war, das den Ausschlag gegeben hat. In jedem Fall lud mich bald darauf schon der Apostolische Nuntius, Erzbischof Edmond Farhat, zum Mittagessen ein. Ich schätzte ihn sehr. Er stammte aus dem Libanon und war also ein echter Levantiner, wie man in Österreich sagt. Wir unterhielten uns über dies und das. Schon vor der Nachspeise erhob er sich und wollte sich entschuldigen, weil er einen Arzttermin hätte. Mit den Worten „Aber Exzellenz, Sie wollten Abt Gregor doch etwas ganz Spezielles mitteilen!" hielt ihn sein Nuntiaturrat, Monsignore Rüdiger Feulner, zurück. „Ach ja", sagte er, „der Papst kommt zu Ihnen nach Heiligenkreuz, aber jetzt entschuldigen Sie mich bitte." Das war einer der strahlendsten Momente meines Lebens.

Er wurde nur noch übertroffen von dem Besuch des Heiligen Vaters selbst. Das Stift Heiligenkreuz gab es seit rund 900 Jahren, ein Papst hatte es bis dato noch nie beehrt. Die Vorbereitungen auf den hohen Beruf nahmen viel Zeit in Anspruch. Es galt, den Ablauf zu koordinieren, Öffentlichkeitsarbeit zu machen, das Programm inklusive Vorprogramm und die feierliche Liturgie festzulegen und dann mussten natürlich auch die notwendigen Sicherheitsvorkehrungen getroffen werden. Das Stift würde über Monate hinweg im Licht der Öffentlichkeit stehen und wir wollten uns von unserer besten Seite präsentieren.

Schließlich kam der große Tag, der 9. September 2007. An die 20.000 Pilger waren zu uns gekommen, um mit uns zu fei-

ern. Der Heilige Vater betete schweigend vor unserer Kreuzreliquie, lauschte unserem Chorgebet und stattete auch unserer Hochschule einen Besuch ab. In seiner Ansprache nahm
er Bezug auf ein historisches Faktum, das ihn, den ehemaligen
Erzbischof von München und Freising, mit Stift Heiligenkreuz
in Beziehung setzte. Einer seiner Vorgänger dort war Bischof
Otto von Freising gewesen, jener Sohn des heiligen Leopold,
der Stift Heiligenkreuz auf seine Anregung hin einst gegründet hatte. Meine Mitbrüder und mich erfüllte der Tag mit einer
großen religiösen Freude, die noch lange anhalten sollte. Der
Tag des Besuches von Papst Benedikt XVI. stellt mit Sicherheit
den Höhepunkt meines Lebens dar.

„Ulli, dir ist schon bewusst, dass der 9. September 2007 der
unangefochtene Höhepunkt deines Lebens ist. Was machst du
eigentlich am 10. September?" Das sagte mein alter Freund,
Baron Andreas Jordis, knapp vor dem großen Ereignis zu mir.
Wie recht er doch hatte. Genau dasselbe frage ich mich seit damals immer wieder!

Abbas emeritus

Ich betrachte es keineswegs als mein Verdienst, sondern vielmehr als ein Geschenk Gottes, dass sich während meiner aktiven Zeit als Abt der Personalstand unseres Hauses deutlich erhöht hat. Als ich in das Stift Heiligenkreuz eintrat, bestand die Gemeinschaft aus 53 Mitbrüdern, am Ende meiner Amtszeit waren es 85. Im Jahr 2018 hat Stift Heiligenkreuz nun hundert Mitbrüder. Auch die Zahl der Studenten ist, seit unsere Hochschule päpstlichen Rechtsstatus hat, enorm angewachsen.

Ich war 69 Jahre alt, als ich beschloss, mein Amt niederzulegen, da ich mit dem vollendeten 70. Lebensjahr die Resignation ohnehin aus Altersgründen hätte anbieten müssen. Einem Kloster vorstehen zu dürfen, ist eine wunderschöne Aufgabe, es ist jedoch auch mit großen Anstrengungen verbunden und meine Leistungskraft ließ deutlich nach.

So vollzog ich zwölf Jahre nach meiner Wahl zum Abt, am 10. Februar 2011, meine freiwillige Resignation vom Dienstamt des Abtes. Folgende Mitteilung an die Presse gab ich damals heraus:

Pressemitteilung:

Am 11. Februar 2011 ist Abt Gregor Henckel Donnersmarck zwölf Jahre als Abt des Zisterzienserklosters Heiligenkreuz im Amt. Zu diesem Zeitpunkt wäre gemäß den Konstitutionen eine Vertrauensabstimmung durchzuführen. Er selbst ist dann im 69. Lebensjahr und hätte nach relativ kurzer Zeit, bei Vollendung des 70. Lebensjahres, bereits wiederum den Rücktritt anzubieten. Seine Amtszeit hat er als gnadenreich und schön, aber auch als sehr anstrengend erlebt. Er ist daher der Überzeugung, dass es richtig ist, nach vollen zwölf Jahren seinen Dienst als Abt des Zisterzienserklosters Heiligenkreuz zu beenden.

Seine Mitbrüder hat Abt Gregor schon vor längerer Zeit über seinen Entschluss informiert. Mit dem Praeses der Österreichischen Zisterzienserkongregation, Abt Wolfgang Wiedermann vom Stift Zwettl, wurde der 10. Februar 2011 als Termin für die Wahl eines neuen Abtes von Heiligenkreuz vereinbart. Aus diesem Anlass bittet Abt Gregor um das Gebet für Heiligenkreuz.

Abt Gregor dankt seinen Mitbrüdern, den Mitarbeitern und allen Menschen, die ihn in diesen zwölf Jahren begleitet haben. Vor allem aber erfüllt ihn selbst eine starke religiöse Dankbarkeit gegenüber Gott und der heiligen Kirche.

Seit dieser Zeit lebe ich nicht mehr ganz in Stift Heiligenkreuz, sondern in einer Wohnung im Heiligenkreuzerhof in Wien. Das heißt jedoch nicht, dass ich unserer Gemeinschaft nicht mehr verbunden bin. Ein- bis zweimal die Woche pendle ich nun nach Heiligenkreuz. Ich habe den Wohnsitz in Wien dem im Stift deshalb vorgezogen, weil es aus meiner Sicht für die Ordensgemeinschaft nachteilig sein könnte, wäre ich dort als Altabt noch immer ständig gegenwärtig. Ich will meinem Nachfolger im Amt, Abt Maximilian Heim, die größtmögliche Freiheit geben. Wäre ich permanent anwesend, hätte er vielleicht das Gefühl, ich würde mich in seine Entscheidungen einmischen wollen oder ihn sogar kontrollieren, und das ist definitiv nicht meine Absicht. Ich weiß, das Kloster ist in guten Händen.

Mein Leben als Altabt ist nun ein anderes. Schon das Leben weitgehend außerhalb der klösterlichen Gemeinschaft hat viele Veränderungen mit sich gebracht und es wäre eine Lüge, würde ich behaupten, dass ich die strukturierenden und zugleich auch disziplinierenden Elemente des klösterlichen Lebens nicht vermissen würde. Sie haben mir das Leben, nach dem ich mich als weltlicher Mann immer mehr zu sehnen begonnen habe, das Leben auf hohem religiösem Niveau, überhaupt erst ermöglicht.

Viel habe ich mir vorgenommen für die Zeit danach, weil ich gedacht habe, dass mein Leben nun in ruhigeren Bahnen verlaufen würde. Dem war aber nicht so. Für meinen Plan, Islamwissenschaften zu studieren, habe ich bislang keine Zeit gefunden, denn auch das Leben als Altabt hält mich auf Trab. Die Aufgaben, denen ich nun nachkomme, sind zum Teil vielleicht andere, sie sind jedoch nicht weniger fordernd und letztendlich eine logische Konsequenz aus all dem, was ich bisher gemacht habe.

Den Geist von Stift Heiligenkreuz verbreiten ...

Kurz nachdem ich mein Amt abgegeben hatte, beauftragte mich unser neuer Generalabt Maurus Lepori damit, einem Zisterzienserinnenkloster, dem Kloster St. Marienthal in der Oberlausitz, das im Dreiländereck Deutschland, Polen und Tschechische Republik an der Neiße liegt, mit Rat und Tat beiseite zu stehen. Nach der politischen Wende in der DDR 1989/90 hatten die Ordensschwestern nur den inneren Teil des klösterlichen Gebäudes, die Kirche und den Kreuzgang zur Verfügung gehabt. Sie gründeten daher eine Stiftung in Form eines Internationalen Begegnungszentrums (IBZ), das Dreiländereck im Hintergrund. Diese Stiftung sollte alle äußeren und sekundären Gebäude um das eigentliche Kloster herum nutzen, das war der Plan, der auch tatsächlich verwirklicht werden konnte. Der Stiftung war es auch leichter möglich, Gelder der öffentlichen Hand zu beantragen, um die desolaten Nebengebäude der großen Gesamtanlage zu renovieren und dort ein Seminar- und Kurszentrum zu errichten. Und so geschah es auch. Im Jahr 2010 brach jedoch ein Hochwasser an der Neiße über das Kloster herein und vernichtete das Werk der Schwestern in wenigen Stunden. Die gesamte Anlage stand unter Wasser, auch das IBZ. In einer sofort gestarteten Spendenaktion kam mehr Geld für das IBZ als für die Räumlichkeiten des Klosters selbst zusammen und das löste eine Vertrauenskrise aus, die sogar zu einigen gerichtlichen Prozessen führte. Mir oblag es nun, das Vertrauen und den Frieden wieder herzustellen, wiederum war ich als Troubleshooter tätig. Die Prozesse wurden nach einigem Hin und Her tatsächlich abgeschlossen. Seit dieser Zeit bin ich zwei- bis fünfmal im Jahr im Kloster St. Marienthal.

Das zog auch andere Dinge nach sich. So war ich etwa im Herbst 2017 in Gumpoldskirchen, wo das Weingut des Deutschen Ordens liegt. Bei einer Tagung dort von ehemals sudetendeutschen Priestern hielt ich einen Vortrag über Stift Heiligenkreuz. Als einer der Teilnehmer, der in Tschechien arbeitet, erfuhr, dass ich immer wieder nach St. Marienthal fahren würde, lud er mich ein, in seiner Pfarre, die nicht weit davon entfernt war, eine Wallfahrt zu halten.

Unweit von dem Zisterzienserinnenkloster in der Oberlausitz befindet sich das Kloster Neuzelle in der Niederlausitz. Die Abtei ist im 13. Jahrhundert gegründet worden, fiel jedoch im 19. Jahrhundert der Säkularisation zum Opfer und wurde verstaatlicht. Das sollte sich nun wieder ändern. Das Stift Heiligenkreuz war aufgrund der vielen jungen Mitbrüder zu so etwas wie einem Vorzeigeorden avanciert. Ich denke, das ist der Grund, weshalb der Bischof von Görlitz, Wolfgang Ipolt, sich an uns wandte und uns dazu einlud, das Kloster bis zu seinem 750-jährigen Jubiläum im Jahr 2018 wiederzubesiedeln. Acht Mönche insgesamt sollten dem Stift angehören. Die ersten vier Mönche entsandte mein Oberer, Abt Maximilian Heim, bereits im August 2017 nach Neuzelle. Sie sind bis dato provisorisch im Pfarrhof untergebracht, ein dem Kloster angeschlossener Neubau steht nun jedoch vor der baldigen Vollendung. Am 2. September 2018 ist das Priorat unter der Leitung von Prior Pater Simeon Wester schließlich neu gegründet worden. Nun sind auch in Brandenburg wieder unsere Gregorianischen Choräle zu hören und das erregte in einer Region, in der die Kirche eher im Rückzug begriffen ist, Aufsehen. Das ist es jedoch auch, was sich Bischof Ipolt erhofft hat: Durch das Wirken unserer Mitbrüder soll es hier einen neuen Impuls für unseren Glauben geben. Ich war im Juli 2018 im Kloster Neuzelle zu Besuch und es bereitet mir große Freude, dass der Geist von Heiligenkreuz sich nun auch dort wieder verbreitet.

Aufgrund der meinem Leben innewohnenden Ambivalenz zwischen Welt und Kirche – als Spediteur zum einen und als „Spediteur Gottes" zum anderen – werde ich nach wie vor zu diversen Vorträgen zum Thema der katholischen Soziallehre, gewissermaßen meinem Lebensthema, eingeladen. „Kirche und Wirtschaft", „Führen aus christlicher Sicht", „Was sagt die Kirche zur Korruption?" – so oder so ähnlich lauten die Titel meiner Vorträge. Auch bei Kongressen, die dem Thema „Glaube und Wirtschaft" nachgehen, greift man gerne auf meine Expertise zurück.

Aus demselben Grund war ich auch bald schon nach meiner Bestellung zum Abt Vorsitzender im Aufsichtsrat der Fonds des Bankhauses *Schelhammer & Schattera* geworden. Damals war das Bankhaus noch Eigentum der Ordensgemeinschaften gewesen, heute gehört es zu einer anderen Firmengruppe, ich bin jedoch weiterhin Mitglied im Ethikbeirat. Das geht zurück auf die Zeit, wo das Bankhaus sich erfolgreich bemühte, seine Anlagen für die Kundschaft nachhaltig, umweltbewusst und ethisch zu gestalten. Obwohl schon Diplomkaufmann, konnte ich in dieser Zeit viel dazulernen.

Oft sind es keine explizit religiös konnotierten Organisationen wie etwa die Wirtschaftskammer oder eine Gruppe von Finanzplanern, die mich zu sich einladen. Es sind also durchaus auch kirchenferne Milieus, in denen ich mich da immer wieder bewege. Die Kanzel, von der ich – um das Bild fortzuführen – predige, befindet sich also nicht immer in einer Kirche, sondern häufig auch in solchen Kreisen, und das ist mir auch wichtig. Als Abt ist es mir stets ein Anliegen gewesen, das mit Abstand beste Produkt, das mir zeitlebens untergekommen ist, nämlich meinen Glauben an Gott und die Kirche, in die Welt hinauszutragen. Daran hat sich bis heute nichts geändert.

Islamwissenschaften habe ich bislang nicht studiert, zumindest nicht im Rahmen eines Lehrgangs. Dazu hat die Zeit aufgrund meiner diversen anderen Tätigkeiten nicht gereicht, aber es ist ja nicht aller Tage Abend. Ich bin der Überzeugung, dass der interreligiöse Austausch heutzutage wichtiger ist denn je.

Auch mein Leben als Priester und Seelsorger führe ich natürlich fort wie eh und je. Für uns gibt es so etwas wie eine Pension nicht. So bereite ich nach wie vor junge Menschen auf ihre Firmung vor. Für sie nehme ich mir besonders viel Zeit, weil ich ihnen Orientierung sein will, wie etwa mein Vater und meine religiösen Lehrer es für mich waren.

Immer wieder werde ich gebeten, das Sakrament der Taufe zu spenden oder auch beim Ehesakrament die priesterliche Assistenz zu geben. Oft sind es Mitglieder meiner eigenen großen, über Europa verstreuten Familie, die mich dazu einladen, oder Mitglieder befreundeter Familien. Manchmal muss ich dazu Hunderte Kilometer fahren, das nehme ich jedoch gerne in Kauf, wenn mich jemand darum bittet. Immer öfter passiert es mir heutzutage, dass mich Paare, die ich vor 25 Jahren oder vor noch längerer Zeit getraut habe, um den Segen und den Vollzug der heiligen Messe aus Anlass ihrer silbernen oder sogar goldenen Hochzeit bitten. Die Zeit vergeht so schnell – zu schnell. Zu meinen Pflichten gehört es natürlich auch, das Sakrament der Krankensalbung zu spenden und bei Begräbnissen die Verstorbenen mit Gebeten und die Hinterbliebenen mit Trost zu versehen. Auch da sind es mitunter oft langjährige Freunde, Menschen, die mich ein Leben lang begleitet haben, denen ich diese letzte Ehre erweisen darf.

Eine Art zweite Heimat habe ich nach wie vor im St. Johanns Club, dem ich als junger Mann in den Fünfzigerjahren beigetreten bin. Hier esse ich regelmäßig zu Mittag oder zu Abend und natürlich besuche ich auch Veranstaltungen dort, oft als Rezipient, gelegentlich jedoch auch als Vortragender. Auch der dem St. Johanns Club übergeordnete Malteserorden und der Orden vom Goldenen Vlies gehören zu den Institutionen, mit denen ich nach wie vor in regem Austausch stehe. Im Jahr 2014 nahm ich im Einverständnis mit meinem Oberen, Abt Maximilian, die Ernennung zum Apostolischen Visitator der Kongregation der *Servi Jesu et Mariae* an, einer päpstlichen Einrichtung, die sich darum bemüht, unseren Glauben hier in Europa durch gezielte Bildungsarbeit zu fördern.

Vielleicht habe ich nun weniger Verantwortung zu tragen denn als Abt, viel ruhiger geworden ist mein Leben jedoch nicht und ich danke dem Herrn für jede neue Aufgabe, die ich in seinem Namen erfüllen darf und die dazu dient, unseren Glauben – das beste Produkt, das wir haben – zu verbreiten.

Ein Plädoyer für eine ethisch vertretbare Ökonomie

Bedingt durch meine beiden Studien, jenes des Welthandels und jenes der Theologie, und meine beruflichen Erfahrungen als Manager und später im kirchlichen Dienst, kam ich automatisch in das Schnittfeld von Ökonomie und Theologie, das in der katholischen Soziallehre seinen Ausdruck findet. Sie fußt auf der Sozialenzyklika *Rerum Novarum* aus dem Jahr 1891 von Papst Leo XIII. (1810–1903), die ihrem Verfasser den Beinamen des „Arbeiterpapstes" einbrachte. Die radikalen politischen Veränderungen gegen Ende des 19. Jahrhunderts hatten zu einer Spaltung der Gesellschaft in zwei Klassen geführt. Die große Masse der Arbeiter hatte weder Geld noch Besitz, die soziale Ungerechtigkeit strebte einem traurigen Höhepunkt zu. Eben darin erkannte Leo XIII. eine große Gefahr. Er widersetzte sich in seiner Enzyklika sozialistischen Theorien wie der Aufhebung von Privateigentum und der Überführung des Einzelbesitzes in öffentliche Hand, weil er sie als rechtswidrig und für eben diese notleidende Arbeiterklasse nicht von Nutzen seiend erkannte. Der Beweggrund von Arbeit sei schließlich der Erwerb von Eigentum und die Sättigung unmittelbarer Lebensbedürfnisse.[31] Die Enzyklika *Rerum Novarum* ist die erste Stellungnahme der Kirche zur Arbeiterfrage und zur Wirtschaft an sich, sie ist jedoch bei Weitem nicht die letzte. Insgesamt sind es jetzt sicher schon zehn. Auch der amtierende Papst Franziskus publizierte 2015 eine Enzyklika, *Laudato si'* – „Gelobt seiest Du, mein Herr"–, die letztlich, auch wenn sie Umweltfragen behandelt, ein Plädoyer für eine ganzheitliche und nachhaltige Wirtschaft ist, die von ethischen Prinzipien getragen wird. Eine Wirtschaft, die sich ihrer Verantwortung für die nächsten Generationen bewusst ist. Der theologisch zutreffende Titel des Themas lautet *Schöpfungsver-antwortung*.

Die katholische Soziallehre setzt also, kurz gesagt, im Jahr 1891 mit der Enzyklika von Papst Leo XIII. ein und hat sich über mittlerweile mehr als ein Jahrhundert im Zusammenspiel mit ökonomischen Entwicklungen und in Reaktion auf brisante gesellschaftliche Fragestellungen weiterentwickelt. Da ich Ökonom und zugleich auch Theologe bin, gehört sie naturgemäß zu den Themenbereichen, zu denen ich unentwegt gefragt werde und auch vortrage. Die Neuzeit verdankt ihren wirtschaftlichen Aufschwung übrigens einem Kirchenmann. Der Franziskaner Luca Pacioli (1445–1517), der auch in engem Kontakt zu Leonardo da Vinci stand, gilt als der Erfinder der „doppelten Buchhaltung". Gemeint ist damit nicht etwa eine doppelbödige, lügnerische Buchhaltung, sondern eine Form der Finanzbuchhaltung, bei der jeder Geschäftsvorgang auf mindestens zwei Konten gebucht wird, nämlich als Einnahme auf dem einen und als Ausgabe auf dem anderen, und zwar als Vermögen und zugleich auch als Belastung. Die doppelte Buchführung gewährleistet somit wesentlich mehr Transparenz und ermöglicht deutlich komplexere Auswertungsvorgänge als andere Methoden der Buchführung. Dadurch wird unter anderem auch die Beurteilung der Kreditwürdigkeit eines Unternehmens maßgeblich erleichtert. Außerdem können Veränderungen über lange Zeiträume präziser beobachtet werden, wodurch eindeutigere Aussagen über zukünftig zu erwartende Entwicklungen getroffen werden können. Bei zukunftsorientierten unternehmerischen Entscheidungen ist die doppelte Buchführung also ein nicht zu verachtendes Instrument.

Entwickelt von einem Franziskanermönch, ist sie ein gutes Beispiel für eine Form der gewinnbringenden Produktivität, die ich in meiner Monografie *Reich werden auf die gute Art – Vermögenstipps eines Geistlichen* (2014) zu umreißen versuche.[32] Denn Luca Pacioli entwickelte sie nicht etwa, weil er sich zum Ziel gesetzt hatte, besonders reich zu werden – als Franziskaner hatte er sich zur Armut verpflichtet –, sondern weil er als hochgebildeter Mann auch ein eingehendes Interesse für die Mathematik hatte. Bei der Entwicklung der doppelten Buchführung leiteten ihn dieses Interesse und ein zunächst nicht zweckgerichtetes Streben nach wirtschaftlicher Problemlösung. Zufällig entwickelte er dabei eine Form der Buchhaltung, die bis heute, mehr als 500 Jahre später, zur produktiven Anwendung kommt. An diesem Vorgang lässt sich ein zentraler Punkt der Wirtschaftsethik, die ich in meinem oben genannten Buch ausführlich dargestellt habe, illustrieren. Ich habe diesen Punkt mit dem Begriff „Demut" bezeichnet, der in der christlichen Theologie von großer Bedeutung ist. Ein demütiges Leben richtet seine Anstrengungen auf die Sache, nicht auf ein außengelagertes – irdisches – Ziel. Noch einmal: Luca Pacioli wollte nicht reich werden, sondern die Lösung für ein mathematisch-kaufmännisches Problem finden. Seine Bemühungen erwuchsen genuinem Interesse für die Materie, nicht dem Streben nach materiellen Werten. Das ist es, was den Kern einer christlichen Wirtschaftsethik ausmacht. Anders als häufig kolportiert wird, ist der Wunsch nach materiellem Erfolg nicht *per se* sündhaft. Gott hat diese Welt erschaffen und uns in ihr heimisch gemacht, warum sollte er also unsere vollständige Abkehr von ihr verlangen? Die Verankerung des Menschen im Diesseitigen für die Spanne seines Lebens impliziert auch seine Hinwendung zu weltlichen Gütern. Das Leben auf maßvolle Art und Weise zu genießen, widerspricht keineswegs der christlichen Lehre. Die Entscheidung für Armut kann, ebenso wie diejenige für die Ehelosigkeit, nur der Weg für einen kleinen Teil der Menschen sein und ist einer unter vielen möglichen, die ein Leben mit Gott einschließen.

Es ist die Absolutsetzung des Reichtums und des Materiellen, die diese erst verwerflich macht. Richtet sich das ganze Streben des Menschen auf die Anhäufung von Vermögen und das Protzen mit Luxusgütern, die keinen anderen Wert haben als die plumpe Angeberei, die platte Zurschaustellung von wirtschaftlichem Erfolg, wird dieses Streben zum Selbstzweck, denn mit den verprassten Gütern soll eine Enthobenheit aus weltlichen und göttlichen Gesetzen demonstriert, der Mensch selbst gleichsam zum unantastbaren „Gott" werden. Die Massenmedien und sozialen Netzwerke unterstützen diese Form des Strebens nach unermesslichem Reichtum heutzutage tatkräftig durch ihre Konzentration auf Stars und Sternchen, deren ausufernder und verschwenderischer Lebensstil häufig als erstrebenswert porträtiert wird. Doch ist diese Form der Akquise und des Umgangs mit materiellen Gütern wirklich erstrebenswert? Die Bibel hat eine eindeutige Antwort auf diese Frage: „Eher geht ein Kamel durchs Nadelöhr, als dass ein Reicher in das Reich Gottes gelangt" (Matthäusevangelium 19,24). Der Reichtum als Selbstzweck ist eine Sünde, daher verwehrt Gott denjenigen, die mit ihrem Reichtum nicht demütig umgegangen sind, den Eintritt ins Himmelreich.

Doch sollte uns dies nicht davon abhalten, selbst nach materiellem Erfolg zu streben, denn es ist der Umgang mit Reichtum, um den es im Eigentlichen geht. Selbst in der Bibel gibt es ein Gleichnis, in dem Jesus Christus einen Verwalter von Werten tadelt, der diese nicht zum Zinsgewinn auf die Bank getragen hat. Fragen der wirtschaftlichen Rentabilität spielen also bereits in der Bibel eine Rolle und werden durchaus nicht negativ beurteilt.

Aus diesem vermeintlichen Widerspruch in der Heiligen Schrift – der Verurteilung des Reichen einerseits, dem Ratschlag an den wirtschaftlich ungeschickten Verwalter andererseits – lässt sich ablesen, dass eine Kategorisierung in Gut und

Schlecht nicht einfach an der Höhe des Kontostands abgelesen werden kann: Der Reiche ist nicht von vorneherein schlecht, der Arme nicht von vornherein gut. Es geht um sein jeweiliges Wirken in der Welt, an dem seine charakterliche Stärke, seine Güte abgelesen werden kann. Großer Reichtum bedeutet vor allem eines: Verantwortung zu übernehmen und Möglichkeiten zu nutzen, die Welt, die uns Gott anvertraut hat, sinnvoll und gewinnbringend für alle in ihr lebenden Menschen zu gestalten.

Entsprechend kann und soll auch die Wirtschaft nicht pauschal verurteilt werden, denn zunächst ist sie lediglich ein System sozialer Beziehungen, das, wenn es in den menschlichen Bedürfnissen verankert ist, ein für den Menschen unverzichtbarer Quell an Erfüllung sein kann. Leider ist es in den letzten Jahren modern geworden, die Wirtschaft als Ganzes zum Feindbild des Menschen zu erklären. Zwar gibt es zahlreiche Beispiele – von den *Lehman Brothers*[33] bis zum Skandal um die Hypo Alpe Adria in Kärnten – für skandalöse wirtschaftliche Entscheidungen und verantwortungslosen Umgang mit monetären (und menschlichen) Ressourcen, die nicht verleugnet werden können. Diese aber als *pars pro toto* für die gesamte Wirtschaftswelt anzunehmen, führt zu weit, denn es handelt sich zumeist um Sonderfälle, in denen wesentliche Prinzipen einer Wirtschaftsethik missachtet wurden und die im Falle von rechtlichem Fehlverhalten auch strafbar sind. Auch hier sind es wieder die Medien, die den Blick in eine falsche Richtung lenken und die Menschen zu einer fehlerhaften, weil nicht auf Grundlage aller erheblichen Informationen getroffenen Urteilsbildung verleiten. Die mediale Ausschlachtung solcher Sonderfälle führt dazu, dass die gesamte Wirtschaft heute als verbrecherisch angesehen und an den Pranger gestellt wird. Wir hören und lesen fast ausschließlich von Skandalen, Pleiten, Insolvenzen oder Betrügereien, ganz nach dem Motto: „Nur schlechte Nachrichten sind gute Nachrichten." Selbstverständlich muss auch über diese Auswüchse berichtet werden, doch wer nimmt sich der vielen positiven Entwicklungen auf dem Wirtschaftssektor an? Auch darin läge zweifelsohne eine Verantwortung der Medien, denn es gibt durchaus viele Beispiele für Betriebe, die ehrlich wirtschaften und damit zunehmend mehr Erfolge einfahren. Gerade der Bereich der Nachhaltigkeit hat in den letzten Jahren einige Gewinne erzielt – und das im finanziellen wie auch im ethischen Sinne. Unternehmen, die auf einen verantwortungsvollen Umgang mit natürlichen Ressourcen und den Menschen, die für sie arbeiten, setzen, werden zu einer immer stärkeren Kraft auf dem Wirtschaftssektor, doch äußerst selten wird in jenen medialen Formaten, die täglich von zahlreichen Menschen konsumiert werden, über sie berichtet.

Ich selbst setze mich für eine Wirtschaft ein, die von ethischen Prinzipien getragen wird, denn schließlich kommt das, was im Rahmen einer gut funktionierenden Wirtschaft produziert wird, uns allen zugute. Nicht nur das in den meisten europäischen Staaten etablierte, weitgehend funktionstüchtige Sozialsystem, das sicherstellt, dass auch weniger glückliche Mitglieder unserer Gesellschaft nicht zurückgelassen, sondern von erfolgreicheren aufgefangen werden, sondern auch unser geistiges Kapital, die Kunst und Kultur, wird von Steuergeldern ermöglicht. Steuergeldern, die erst durch eine intakte Wirtschaft generiert werden können. Solange die Wirtschaft also auf ethischen Grundsatzungen fußt, ist sie eine Bereicherung für den Menschen und sollte nicht pauschal bekämpft, sondern verbessert werden an den Stellen, wo noch Missstände herrschen oder ethische Ausbaufähigkeit besteht. Dazu gehören einerseits übergeordnete Organisationen und Interessenvertretungen, die ethische Zielsetzungen verfolgen, wie etwa die Industriellenvereinigung, zu der ich in gutem Kontakt stehe und die sich unter anderem darum bemüht, Arbeitsplätze zu schaffen, zu erhalten und auszubauen. Es ist die Wirtschaft, die Arbeitsplätze schafft, nicht der Staat. Daher muss sich eine von ethischen Prinzipien geleitete Wirtschaft dagegen verwehren, Arbeitsplätze im Streben nach Effizienz und Rationalisierung der Arbeitsprozesse leichtfertig aufzulösen. Die Sicherung bzw. Umwidmung von Arbeitsplätzen, die im Zuge des technologischen Fortschritts ihre Funktion verloren haben, halte ich für einen sehr wichtigen Aspekt innerhalb des wirtschaftlichen Geschehens.

Andererseits hat in meinen Augen der Einzelne, der sich innerhalb des Wirtschaftsgeschehens bewegt, eine Verantwortung, die über sein unmittelbar persönliches Lebenszentrum hinausreicht. Diese Verantwortung gilt für Menschen in Leitungspositionen genauso wie für Arbeitnehmer. Da ich selbst als Abt des Stifts Heiligenkreuz gleichsam die Führung eines Unternehmens innehatte, möchte ich zunächst auf die Maßnahmen zu sprechen kommen, die ich – im Sinne eines ethisch vertretbaren Wirtschaftens – getroffen habe.

Auch im klösterlichen Umfeld müssen manchmal Entscheidungen getroffen werden, die schwierig sind, weil sie etwa bedeuten, dass Arbeitsplätze gefährdet werden, schließlich bezieht das Stift Heiligenkreuz seine Einträge aus wirtschaftlichen Betrieben. Beim Fällen solcher Entscheidungen habe ich mich jedoch immer um größtmögliche Aufrichtigkeit und vor allem um die Schaffung von Perspektiven für die betroffenen Mitarbeiter bemüht. Ich erinnere mich zum Beispiel an den Fall unseres klösterlichen Weinguts, das über Jahre hinweg immer nur rote Zahlen geschrieben hatte. Die Situation hatte den Punkt erreicht, an dem andere Betriebe das Weingut mit ihren Gewinnen unterstützen mussten, um es halten zu können. Um die Motivation der Mitarbeiter der anderen Betriebe nicht zu gefährden, musste ich Maßnahmen ergreifen. Ich beschloss, das Weingut zu verpachten und damit aus dem Gesamtzusammenhang des Unternehmens auszugliedern. Dem neuen Pächter gelang es, das Weingut zu sanieren, allerdings musste er dazu den gesamten Betrieb neu strukturieren. Für die Mitarbeiter, deren Arbeitsplätze im Zuge der Neuorganisation verloren gegangen waren, fanden wir in anderen klösterlichen Betrieben sinnvolle und erfüllende Tätigkeiten. Die Entscheidung für die Verpachtung des Weinguts ist ein gutes Beispiel dafür, wie verantwortungsvolle – und gleichzeitig gewinnbringende – wirtschaftliche Entscheidungen getroffen werden können. Durch die Ausgliederung aus dem Heiligenkreuzer Gesamtunternehmen konnte das Weingut zu neuer wirtschaftlicher Blüte geführt werden, gleichzeitig gelang es uns aber, auch die Menschen, die von der Neuerung betroffen waren, zufriedenzustellen. Diese Tugend, die ich in meinem Buch *Reich werden auf die gute Art* als „soziale Kompetenz" bezeichnet habe, erscheint mir, neben der Ehrlichkeit und der Demut, als eine der wichtigsten Qualitäten von Menschen in Führungspositionen, denn sie schafft das wechselseitige Vertrauen, das die Grundlage für kreative Entfaltung ist.

Ein anderer wichtiger Aspekt, den ich in meiner Funktion als Leiter der wirtschaftlichen Betriebe des Stifts zu beachten versucht habe, ist der spielerische Zugang, den schon Luca Pacioli bei der Entwicklung der doppelten Buchführung an den Tag gelegt hat.

Die Investitionen in erneuerbare Energien sowie in Wind- und Wasserkraft, für die ich mich als Abt des Klosters zusammen mit meinem Leitungsteam entschieden habe, wurden zunächst nicht mit der Absicht getroffen, wirtschaftlichen Erfolg einzufahren und Reichtümer anzuhäufen. Das nachhaltige Wirtschaften erschien uns als richtig und bedeutsam, auch als ein Zeichen, das zur Philosophie des Stifts passte. Im Vorfeld konnte keineswegs abgeschätzt werden, ob sich die Investitionen auch finanziell lohnen würden. Nicht alle Projekte haben natürlich Gewinn abgeworfen, trotzdem war das Gesamtergebnis letzten Endes positiv. Erst dieser spielerische Umgang mit finanziellen Mitteln stellt sicher, dass sich das Streben nicht auf die Akquise möglichst vieler materieller Güter richtet, sondern auf die Sache, die im Zentrum steht und mehr Erfüllung schenken kann als das finanzielle Ziel, das damit erreicht wird. Dieses versteht sich gewissermaßen als Beiwerk des ethisch vertretbaren Tuns.

Ebenso wie die beschriebenen Grundsäulen des ethischen Wirtschaftens – Ehrlichkeit, soziale Kompetenz, Demut, Lockerheit und andere – für Menschen in Führungspositionen unabdingbar sind, haben sie auch für Arbeitnehmer große Bedeutung. Ich glaube fest daran, dass jeder Einzelne seinen Beitrag zu einer florierenden, sozial gerechten und damit ethischen Wirtschaftsordnung leisten kann. Denn die Wirtschaft wird von uns allen gemacht, nicht von „denen da oben" oder der abstrakten Größe Wirtschaftssystem. Es ist der einzelne Mensch, der diese Ordnung durch sein Handeln mitgestalten kann. In der *Genesis* trägt Gott den Menschen auf: „Seid fruchtbar und vermehrt euch, bevölkert die Erde, unterwerft sie euch und herrscht über die Fische des Meeres, die Vögel des Himmels und über alle Tiere, die sich auf dem Land regen" (Das Buch Genesis 1,27f.). Diese Bibelstelle ist oft missverstanden worden, nämlich als Auftrag Gottes an die Menschen, sich die Erde ohne Rücksicht auf Verluste untertan zu machen. Der israelische Historiker Yuval Noah Harari setzt in seiner vor wenigen Jahren erschienenen Monografie *Homo Deus – Eine Geschichte von Morgen* die Entstehung theistischer Religionen als Folge der Agrarrevolution mit einer Änderung im Grundverhältnis des Menschen zu seiner Umwelt gleich. An die Stelle animistischer Religionen, die keinen Unterschied zwischen Menschen und Tieren machten, traten, so Harari, in dieser Zeit Glaubensüberzeugungen, die Tiere auf Nutztiere und die Umwelt auf einen – scheinbar – unerschöpflichen Selbstbedienungsladen reduzierten. Diese Entwicklung vollzog sich, so schreibt Harari weiter, zur Gänze in den monotheistischen Religionen, die dem Menschen die Herrschaft über die diesseitige Welt übertrugen. Hararis Theorie scheint sich an der oben zitierten Stelle aus der *Genesis* zu bestätigen. Was er aber nicht erwähnt, ist ein zentraler Satz, der im zweiten Kapitel des Schöpfungsberichts gefunden werden kann. „Gott, der Herr nahm also den Menschen, setzte ihn in den Garten von Eden, damit er ihn bebaue und hüte" (Das Buch Genesis 2,15), heißt es da. Dieser Satz enthält die wesentliche Anforderung, die Gott an uns Menschen im Zusammenhang mit der Welt, in der wir leben, stellt: Behütet sie! Geht achtsam mit ihr um!

Diese Verantwortung gegenüber der göttlichen Schöpfung ist jedem einzelnen Menschen übertragen, unabhängig davon, wie groß oder klein sein jeweiliger Wirkungsbereich ist. Mit wachsendem Vermögen vergrößert sich nur der Einfluss, der auf das Lebensumfeld und das Gesamtzusammenleben der Menschen im Einklang mit der christlichen Ethik genommen werden kann. Deshalb geht mit großem Reichtum auch eine stärkere Schöpfungsverantwortung einher.

Wenn der Mensch sein Handeln an ethisch vertretbaren Grundsätzen ausrichtet, wird er zudem ein glücklicheres und erfüllteres Leben führen als eines, das dem zum Selbstzweck gewordenen Reichtum, dem Götzen Mammon, hinterherhechelt – denn es ist ein Leben mit Gott.

Europa und der Islam

Ich entstamme einer alten europäischen Familie, deren Geschick von den politischen Wirren genauso bestimmt war wie von den Auseinandersetzungen zwischen Katholiken und Reformatoren, die den Kontinent über die Jahrhunderte immer wieder erschüttert haben. Im Unterschied zu heute bestanden diese Konflikte innerhalb Europas jedoch zwischen unterschiedlichen Konfessionen, also Untergruppen einer verbindenden Religion, im Speziellen des Christentums, und nicht zwischen verschiedenen Religionen, wie etwa heute zwischen dem Christentum und dem Islam – mit Ausnahme der Türkenkriege, die durch die Ausbreitung des muslimisch geprägten Osmanischen Reichs angestoßen wurden. Diese sind allerdings eher als Invasionskriege zu charakterisieren und daher mit den konfessionellen Auseinandersetzungen innerhalb des historischen Europas nicht vergleichbar. Der Glaube an sich stand dort nämlich nicht infrage. Gestritten – und gekämpft – wurde um die jeweilige Auslegung der vorherrschenden Religion, des Christentums.

Als Folge der historischen konfessionellen Verwerfungen gibt es auch heute noch zwei Linien der Henckel von Donnersmarck, von denen die eine katholisch ist und die andere dem evangelischen Glauben angehört. Als alter Europäer und als tiefgläubiger Mensch attestiere ich Europa heute eine tiefe innere Krise. Europa war in den vergangenen Jahrhunderten immer vom Glauben getragen. Aus dem Verlust jenes Glaubens, sei er nun katholischer oder protestantischer Prägung, resultiert eine Selbstaufgabe Europas, denn dieser Glauben hat unsere Identität als Europäer über beinahe zwei Jahrtausende ausgemacht.

Seit etwa 50 Jahren leben wir in Europa in der außergewöhnlichen Situation, bisher nie gekannten Wohlstand und politische Freiheit erleben zu dürfen. Beides sind große Errungenschaften und sollten unter keinen Umständen verurteilt werden. Wohl aber können sie als die Ursache dafür gesehen werden, dass die Menschen in unseren Breitengraden mehr denn je die Verbindung zu Gott verloren haben. Noch nie war der Individualismus so modern, die „Selbstverwirklichung" das höchste Ziel des Menschen. Weder der Glaube noch die Kirche sind noch stark im Bewusstsein der Menschen verankert. Das Streben der Menschen richtet sich auf Karriere, Geld, Erfolg, äußerliche Schönheit und Status, kurz gesagt, auf weltliche Ziele, die wiederum sehr weltliche Vergnügen ermöglichen sollen. Vergnügen können jedoch keineswegs mit Glück gleichgesetzt werden, denn wahrhaftes Glück ist in bleibenden, nicht in materiellen oder oberflächlichen Werten begründet. Das unablässige Streben nach weltlichen Vergnügungen überdeckt die Frage nach dem Sinn des Lebens, kann sie aber – und hier gibt es einen kleinen Hoffnungsfunken – nicht vollständig übertönen. Zahlreiche Menschen, die sich nicht als gläubig bezeichnen würden, suchen Ausgleich und Sinn, das schlägt sich unter anderem in dem großen Aufschwung von Esoterik und anderen Lehren mit Heilsversprechungen der letzten Jahre nieder. Solange sich Menschen die Sinnfrage stellen, solange sie nach einer gültigen Antwort, die es innerweltlich geben kann, suchen, werden sie naturgemäß mit den Fragen des Glaubens konfrontiert sein, in welcher Form auch immer. Die Hinwendung zu esoterischen Angeboten lässt die Hoffnung aufleben, dass auch immer mehr Menschen zu einer substanziellen Beschäftigung mit den Grundfragen des Lebens, der Religion, zurückkehren werden.

Solange die Sinnfrage nicht gestellt wird und sich das Leben der Menschen auf die Erlangung weltlicher Güter und Vergnügungen richtet, kann die Selbstverwirklichung, die keineswegs im Kontrast zum christlichen Glauben steht, nicht erlangt werden. Der auf diese Art gelebte Individualismus schlägt um in einen Egoismus, der nicht nur unchristlich, sondern auch amoralisch und selbstzerstörerisch ist. Empfängnisverhütung und die Tötung ungeborener Menschen sind traurige Beispiele dafür.

Das Christentum, dem es in diesem konkreten Zusammenhang keineswegs um die Erhaltung einer bestimmten Demografie geht, sondern um die Würde von Mann und Frau in der Ehe und das Recht auf Leben, wird deshalb nicht untergehen, weil es sich außerhalb von Europa, etwa in Asien und Südamerika, rasant ausbreitet. Unsere Defizite hier werden in anderen Kontinenten geradezu überkompensiert. Dort wächst die Kirche beständig. Auch die Klöster dort florieren. Mir war es stets ein Anliegen, dort fördernd mitzuwirken. So habe ich während meiner Amtszeit als Abt etwa den damaligen Bischof von Colombo dabei unterstützt, Zisterzienserkloster zu gründen. Zu diesem Zweck bildeten wir hier in unserem Noviziat Mitbrüder von dort aus, die inzwischen eine kleine Gemeinschaft von Zisterziensern in der Erzdiözese Colombo etabliert haben.

Um das monastische Leben auf unserem Kontinent ist es jedoch schlecht bestellt. Immer wieder kommt es zur Schließung von Klöstern. Den Ausschlag dafür gibt der mangelnde Nachwuchs an Nonnen und Mönchen. Ich befürchte, dass dieser Prozess in unseren Breitengraden noch nicht zu einem Ende gekommen ist. Ganz extrem ist die Situation in Belgien und den Niederlanden. Dort ist die Säkularisation in den letzten Jahrzehnten so rasant fortgeschritten, dass die meisten Klöster dort – zumeist wunderschöne mittelalterliche Bauten – aufgelassen wurden. Die traurige Aufgabe, die Schließung zu entscheiden, fällt dabei jeweils dem Generalabt eines Ordens zu. Die Immobilien werden dann im besten Fall anders verwendet.

Klöster erfüllen jedoch eine nicht zu unterschätzende gesellschaftliche Funktion, auch wenn diese nicht immer gleich auf den ersten Blick erkennbar ist, denn Mönche sind von Beruf Betende, wie es Papst Benedikt XVI. bei seinem Besuch bei uns in Stift Heiligenkreuz formuliert hat. Das Gebet ist die Mitte ihres Berufs. Ihr Leben steht so im Zeichen der Anbetung, es ist vielmehr *Vita contemplativa* als *Vita activa*. Das kontemplative Leben ist aber ein zentraler Bestandteil nicht nur der geistlichen, sondern auch der weltlichen Existenz. Ohne Philosophie, ohne die Frage nach dem Sinn verkümmert das Leben zum rein zweckgerichteten Pragmatismus. Und letztlich führen alle philosophischen Fragestellungen zurück zu den religiösen Grundfragen des Lebens.

Doch in einer auf Pragmatismus und Zweckgebundenheit ausgerichteten Welt wie unserer heutigen wird die Bedeutung der philosophischen und religiösen Kontemplation nicht mehr erkannt. Ein Leben, das sich der Anschauung, der Anbetung und der Ergründung von größeren Zusammenhängen widmet, wird scheel beäugt. Es zählt nicht.

Gott sei Dank ist das Stift Heiligenkreuz, was diese Entwicklung angeht, atypisch. Wir haben hier Nachwuchs.

Die Rückbesinnung auf eine christliche Ethik ist in Europa von großer Bedeutung, um die orientierungslos gewordene Gesellschaft erneut mit einer identitätsstiftenden Wertebasis zu untermauern. Diese gemeinsame Grundlage, die über Jahrhunderte hinweg das europäische Selbstbewusstsein bestimmt hat, ist uns verloren gegangen. Das lässt sich auch daran ablesen, dass Zeitschriften wie etwa *Charlie Hebdo* ohne Rücksicht auf die Gefühle gläubiger Menschen über Religionen höhnisch spotten dürfen. Natürlich ist die Meinungsfreiheit ein Gut von sehr hohem Wert, das wir uns über die letzten Jahrhunderte hart erkämpft haben. Aber auch die Meinungsfreiheit kennt, ähnlich wie die Kunstfreiheit, Grenzen, nämlich wenn sie in Konflikt mit dem Allgemeinen Persönlichkeitsrecht kommt. Im Streitfall wird auf gesetzlicher Basis entschieden, welches der beiden Rechte mehr Anspruch auf Durchsetzung behaupten kann. Das bedeutet auch, dass es zu einer Einschränkung der Meinungsfreiheit kommen kann, wenn etwa die Diffamierung oder Schmähung einer bestimmten Person, deren allgemeines Persönlichkeitsrecht dadurch verletzt wird, im Vordergrund steht.

Die katholische Kirche in Frankreich hat wiederholt gegen *Charlie Hebdo* geklagt, weil der christliche Glaube in der Zeitschrift verspottet und bloßgestellt wurde. Das ist ein rechtlich legitimes Mittel, das natürlich in scharfem Gegensatz zu den gewalttätigen Übergriffen muslimischer Fundamentalisten in Reaktion auf die Mohammed-Karikaturen steht. Gewalt als Mittel ist in jeder Hinsicht zu verurteilen. Aber sie wird durch respektlose Äußerungen, die als schwerwiegende Beleidigungen aufgenommen werden, auch provoziert.

Die despektierlichen Zeichnungen von *Charlie Hebdo* bewegen sich in der laizistischen Gesellschaft in Frankreich offenbar innerhalb des gesetzlichen Rahmens, deshalb wurden die Klagen der dortigen katholischen Bischöfe auch abgewiesen. Vielmehr als um die gesetzlich festgeschriebenen Regeln geht es im Zusammenleben der Menschen aber auch um ein gewisses Taktgefühl, das eine der wesentlichen Grundlagen für ein zivilisiertes Miteinander bildet und zu den wichtigsten charakterlichen Qualitäten kultivierter Menschen gehört. Denn erst auf der Basis des gegenseitigen Respekts kann ein sinnvoller Austausch zwischen Menschen unterschiedlicher Geisteshaltung zustande kommen. Das gilt für den Dialog zwischen nicht gläubigen und gläubigen Menschen genauso wie für den zwischen Anhängern unterschiedlicher Religionen.

In diesem Zusammenhang möchte ich gerne ein Beispiel aus meiner eigenen Erfahrung anführen. Im Jahr 2011 war ich als Referent zu einer Tagung über Islamophobie in der großen Moschee in Wien geladen. Während der Diskussion nach meinem Vortrag begann der Muezzin vom Minarett zu rufen. Ich unterbrach die Diskussion und fragte den Vorstand der Moschee Al-Fayed, wie wir uns verhalten sollten, und dieser bat uns darum, während der Muezzin-Rufe zu schweigen und zu beten. Ein Wunsch, dem wir natürlich Folge leisteten. In der Pause kam Al-Fayed auf mich zu, umarmte mich und sagte: „Herr Abt, dieses Haus ist Ihr Haus! Sie sind hier stets willkommen, denn Sie respektieren unseren Glauben und Sie bekennen Ihren eigenen. Beides erleben wir sonst in Österreich nie."

Mein Respekt vor dem anderen Glauben, mit dem ich keineswegs meinen eigenen verleugnet habe, öffnete in diesem Fall die Türen für einen Austausch auf Augenhöhe. Hätte ich die Diskussion einfach weiterlaufen lassen, weil die Muezzin-Rufe für meinen eigenen Glauben keine Relevanz haben, hätte ich einen Dialog von vornherein ausgeschlossen, denn ich hätte die Empfindlichkeiten der muslimischen Konferenzteilnehmer verletzt.

Gerade jetzt, in Zeiten, in denen zahllose Anhänger anderer Religionen, insbesondere der muslimischen, zu uns nach Europa kommen, ist der interreligiöse Dialog von besonderer Bedeutung.

Das Problem Afrika jedoch wird sich nicht durch Geldtransfers lösen lassen, die womöglich nie an der richtigen Adresse, also bei den notleidenden Menschen, ankommen. In meinen Augen lässt sich die schwierige Situation in den afrikanischen Ländern nur lösen, wenn Menschen sich bereit erklären, dorthin zu gehen und ihr Leben für die Menschen dort einzusetzen. Das entspricht der Vorgehensweise, die benediktinische Mönche vom Ende der Antike bis ins späte Mittelalter in Europa praktiziert haben. Sie sind ausgezogen, haben Gärten angelegt, Weinbau betrieben und ihre Techniken weitergegeben, indem sie diese den Menschen beigebracht haben. Effiziente und vor allem nachhaltige Hilfe ist stets das Ergebnis eines langwierigen Prozesses, der sich über viele Jahrzehnte, wenn nicht sogar Jahrhunderte erstreckt. Aus diesem Grund – und weil die Euphorie für Entwicklungshilfe der Sechzigerjahre aufgrund mangelnder schneller Ergebnisse stark zurückgegangen ist – ist es gerade jetzt umso wichtiger, auch eine innereuropäische Lösung zu finden, die nur auf respektvollem Austausch zwischen Christentum und Islam basieren kann.

Es gibt ja auch durchaus Verbindendes in beiden Religionen. Sowohl Christentum als auch Islam beziehen sich, genauso wie das Judentum, auf den gleichen Urvater Abraham. Auch im Koran werden Jesus (Issa) und Maria (Marjam) erwähnt. Allerdings wird Jesus im Koran als besonderer Mensch, der Wunder bewirken kann, dargestellt, nicht als Sohn Gottes. Maria wird im Koran sogar mehr Platz eingeräumt als in der Bibel.

Um Zeichen der Annäherung zu setzen, werden diese Gemeinsamkeiten gerne hervorgehoben. Zum Beispiel gab der Kronprinz von Abu Dhabi im Juni 2017 der nach ihm benannten Scheich-Mohammed-Bin-Zayed-Al-Nahyan-Moschee den Namen „Marjam Umm Issa", also „Maria, Mutter Jesu". Das war ein bemerkenswerter Schritt der religiösen Kontaktaufnahme, die von uns ebenso unternommen werden muss.

Wichtig ist mir dabei aber vor allem auch die Reziprozität. Wenn wir den Saudis erlauben, in Österreich Moscheen zu bauen, müssten uns die Saudis auch erlauben, in Saudi-Arabien Kirchen zu bauen. Doch leider ist diese Form der wechselseitigen Duldung nicht so einfach herzustellen, da sie auch immer mit politischen Gegebenheiten Hand in Hand geht. In Österreich gilt die Religionsfreiheit, in Saudi-Arabien nicht. Dort wird die Abkehr vom Islam mit dem Tod bestraft.

Dabei darf nicht vergessen werden, dass der Islam in seiner Blütezeit über ein florierendes Bildungs- und Kulturwesen verfügte. Die Schriften aus der Antike mit ihren philosophischen und naturwissenschaftlichen Überlegungen sind zum Teil nur überliefert, weil sie von aufgeklärten muslimischen Kalifen gesammelt und übersetzt wurden. Die herausragenden Mediziner, Mathematiker und Astronomen der damaligen Zeit waren Muslime. Ohne ihre Bemühungen wären große Teile des Wissens aus der Antike verloren gegangen. Allerdings hat die Niederlage der muslimischen Araber in der Schlacht bei Tours und Portiers im Jahr 732 nicht nur deren westliche Expansion beendet, sondern auch einen Niedergang der muslimischen Kultur ausgelöst. Die Ablöse der weltoffenen und aufgeklärten Kalifen von al-Andalus durch die barbarischen Berberstämme der Almoraviden und Almohaden ab dem 11. Jahrhundert versteht sich als zweiter Wendepunkt in der muslimischen Kulturgeschichte. Die strenggläubigen Almoraviden riefen 1042 zum Dschihad gegen Ungläubige und Ketzer auf, der sich nicht nur gegen Andersgläubige, sondern auch gegen Muslime richtete, die religiöse Regeln nicht streng genug beachteten. Mit ihnen begann die Durchsetzung des puritanischen Islams, die die Almohaden unter ihrer Herrschaft fortsetzten. Sie vertrieben und verbannten die aufgeklärten Wissenschaftler der ehemals florierenden muslimischen Kultur. Eine Entwicklung in der muslimisch geprägten Gesellschaft, die bis heute ihre Nachwirkungen hat, denn dem Islam steht die schwere Krise, die das Christentum in der Neuzeit erlebt hat, noch bevor.

Die historisch-kritische Erforschung der Heiligen Schrift, die die katholische Kirche noch stärker betroffen hat als die evangelische, wurde als große Bedrohung empfunden, letztlich war das aber ein reinigender Prozess. Wenn es uns gelingt, einen respektvollen Austausch zu etablieren, könnten wir Christen den Muslimen in dieser Frage vielleicht sogar helfen. Zentral dabei ist aber, dass es in Europa gesprächsbereite Christen gibt, die einen qualifizierten Dialog eingehen können. Stattdessen entwickelt sich unser Zusammenleben aber zu einer belanglosen Allerweltsgesellschaft, der jede Form der Religion verdächtig ist. Erst die innere Stärke Europas, die aus der verbindenden Basis des christlichen Glaubens bezogen wird, kann aber ein respektvolles und fruchtbares Miteinander der Religionen gewährleisten, das Europa zu neuer – friedvoller – Blüte verhelfen wird.

Flucht und Flüchtlinge

Ohne Zweifel war die Flucht meiner Familie aus Schlesien zu Beginn des Jahres 1945 ein ganz entscheidendes Ereignis in meinem Leben, auch wenn ich mich aufgrund meines frühkindlichen Alters nicht mehr im Detail daran erinnern kann. Mein Leben wäre jedoch mit Sicherheit völlig anders verlaufen, hätten wir in Schlesien bleiben können. Allein durch die Stellung, die meine Familie dort durch ihren Landbesitz, den Reichtum aus ihrer industriellen Tätigkeit und durch ihre tiefe Verbundenheit mit der Geschichte des Landes hatte, wäre ich anders geprägt worden als durch das Schicksal eines Flüchtlingskindes einer verarmten Familie, das ich nun einmal war. Diese schwierigen Umstände hatten jedoch auch zur Folge, dass ich engeren Kontakt zu meinen Eltern hatte als mein älterer Bruder im selben Lebensalter.

Ich hatte Glück im Unglück. Mein Dasein als Flüchtlingskind wurde durch die große und zutiefst christliche Hilfsbereitschaft der Familien Löwenstein und Castell – möglicherweise aus einer aristokratischen Solidarität heraus – entscheidend gemildert. Auch das später erfolgte Angebot meines Onkels Lazarus, meinem Vater, seinem jüngeren Bruder, eine verantwortungsvolle Stellung mit einer recht vernünftigen Bezahlung zu geben, ist ein Monument familiärer Solidarität und Hilfsbereitschaft, die uns über das Schlimmste hinweghalf und uns wieder ein unbeschwertes Dasein ermöglichte.

Ich war während meines Lebens immer wieder Zeuge von Fluchtbewegungen, etwa aus Ungarn im Jahr 1956 oder aus Polen und dem zerbrechenden Jugoslawien in den Neunzigerjahren des letzten Jahrhunderts. Jedes Mal konnte ich die Reaktion der Österreicherinnen und Österreicher beobachten, die getragen war von großer Hilfsbereitschaft. Deshalb finde ich es höchst bedauerlich, dass durch die Medien und durch eine feige Politik eben diese Hilfsbereitschaft so vieler Österreicher und Österreicherinnen im Jahr 2015 – ich denke dabei auch an den Einsatz des Malteserordens – nicht ausreichend gewürdigt, sondern eine ganz unchristliche Fremdenfeindlichkeit und ein Egoismus nach oben in die Öffentlichkeit getragen wurde. „Only bad news are good news!" Bestimmte Parteien glauben offenbar, daraus ihr „Wahlsüppchen" kochen zu können. Wie perfide!

Natürlich ist es ein Faktum, dass sich der religiöse und kulturelle Hintergrund der Flüchtlinge aus dem Orient und aus Afrika von dem europäischen unterscheidet, gerade deshalb sollten wir das Christentum mit seine Botschaft der Liebe in die Tat umsetzten, die Kritik der Lieblosen, wir seien „Weicheier", gelassen tragen und dergestalt sogar durch Taten und weniger durch Worte die Liebe Christi apostolisch wirksam werden lassen. Niemand verlässt seine Heimat gerne und ohne triftigen Grund.

Auch wir in Stift Heiligenkreuz haben jeweils eine Familie aus dem Irak und eine aus Syrien bei uns aufgenommen und ausgesprochen gute Erfahrungen damit gemacht. Ich würde mir wünschen, dass weder die Hilfsbereitschaft noch die Offenheit der Österreicherinnen und Österreicher gegenüber den Fremden, die hier bei uns Schutz suchen, zu einem Opfer der reißerischen Medien und einer skrupellosen Politik werden.

Das heilige Experiment

Ich stehe bis auf die Haut durchnässt in einem tropischen Regenguss. Wasser von oben, Wasser von unten – so erlebe ich den Anblick der Iguacu-Fälle, der mich mein Leben lang nicht mehr loslassen wird. Im tosenden Rauschen der Regen und der stürzenden Wassermassen gehen meine Gedanken zu den Missionen der Jesuiten, die ich an den beiden Tagen davor gesehen habe, und gleich noch 50 Jahre weiter zurück in meine Schulzeit, als ich im Theaterstück von Fritz Hochwälder *Das heilige Experiment* mitspielen durfte. Mir war die durchaus unsympathische Rolle des päpstlichen Legaten Querini zugefallen. Zum demselben Thema hat es vor einigen Jahren den ausgezeichneten Film *Mission* mit Robert de Niro in der Hauptrolle gegeben.

Das ist jedoch noch nicht das Ende meiner Rückschau. Sie führt mich direkt zum traurigen Ende des Jesuitenstaates, der Missiones der Jesuiten in Lateinamerika rund 200 Jahre zuvor. Die starken Kräfte der antikirchlichen Aufklärung führten einen heftigen Kampf gegen die Jesuiten. Eines ihrer wichtigsten Argumente war, dass die Jesuiten in Südamerika einen eigenen Staat gegründet und ihn sogar mit Waffengewalt verteidigt hätten. Richtig war, dass die Jesuiten die Kultur der Indigenas erhalten wollten und so ein gewisses Maß an Eigenständigkeit brauchten. Das brachte ihnen aber die Abneigung der spanischen und portugiesischen Grundbesitzer und Verwaltungen in diesen Regionen ein. So unbegründet letztlich die Vorwürfe gegen die Jesuiten waren, so bewirkten sie doch, dass der Papst sich unter Druck gesetzt fühlte und die *Gesellschaft Jesu* aufhob. Die antikirchlichen Kräfte der Aufklärung, geführt von den Freimaurern, jubelten und der portugiesische Staatsmann Pombalt Wahl jubelte: „Wir haben die Tochter getötet, es wird uns auch gelingen, die Mutter umzubringen!" Mit der Tochter meinte er die *Gesellschaft Jesu*, mit der Mutter meinte er die Kirche.

Mein persönlicher Bezug zu diesem Thema ist tatsächlich begründet in der Theateraufführung des Hochwälder-Stückes. In der außerschulischen Jugendarbeit der Jesuiten in Klagenfurt in meiner Jugend, in der ich zehn Jahre engagiert war, kam es um das Jahr 1960 zu dieser Aufführung. Der Organisator und Regisseur war der Jesuitenpater Rudolf Reichlin von Meldegg. Die zentrale Rolle in diesem Stück ist der Provinzial der Jesuiten im Süden Lateinamerikas mit Sitz in Buenos Aires. Der Tag des Geschehens ist der 16. Juli 1767. Als im Jahre 2015 Jorge Bergoglio ins Papstamt berufen wurde und berichtet wurde, dass dieser auch eine Zeit lang Provinzial der Jesuiten in Argentinien gewesen war, konnte ich nicht anders, als mir zu sagen, dass er ein Nachfolger jenes Provinzials der Jesuiten war, der im Stück von Fritz Hochwälder Pater Alfonso Fernandez heißt. Es kam in mir der Wunsch auf, den Ort des Geschehens des Dramas zu besuchen.

Dies ergab sich dann folgendermaßen: Ich erzählte meinem Neffen Georg Khevenhüller, der in Buenos Aires lebt, dass ich verblüfft gewesen sei, in dem Buch von Papst Franziskus zu lesen, dass er Ende September zum Frühlingsfest fahren wollte. Dies ist nämlich der Beginn der sehr berührenden Geschichte seiner Berufung zum Priestertum! Ich sagte also meinem Neffen, dass ich noch nie auf der südlichen Halbkugel der Erde gewesen sei und daher mir nur schwer vorstellen könnte, dass im September dort der Frühling begann. Mein Neffe lud mich spontan zu ihm nach Buenos Aires ein, mit den Worten: „Dann wird es aber Zeit, dass du auf die südliche Halbkugel kommst!" Also flog ich nach Buenos Aires und konnte die Stätten des Wirkens von Kardinal Bergoglio und das alte Provinzialat der Jesuiten aus der Zeit vor der Aufhebung besuchen. Auch dort gab es übrigens einen Theatersaal, denn ein wesentliches Element der Tätigkeit der Jesuiten war es, die Botschaft der Verkündigung mittels Theaterspielens zu vermitteln.

Schließlich flogen wir also noch einmal zwei Stunden mit dem Flugzeug in den Norden Argentiniens, um zuerst die Ruinen der Missionen oder Reduktionen der Jesuiten vor dem Jahre 1767 anzuschauen. Einerseits war ich sehr beeindruckt von diesen Ruinen in ihrer Perfektion und ihrem künstlerischen Reichtum. Andererseits aber hatte ich auch das Gefühl, dass hier die Jesuiten vielleicht etwas über das Ziel hinausgeschossen waren mit diesen monumentalen und doch sehr europäischen Bauwerken. Die Jesuiten sind wohl die Erfinder der Inkulturation, sie haben dabei jedoch vielleicht nicht das richtige Maß gefunden.

Schließlich besuchte ich also auch noch die oben schon erwähnten Wasserfälle. In dem Film mit Robert de Niro geben diese Wasserfälle Gelegenheit zu fantastischen Filmaufnahmen. Man sieht, wie die Missionare die Wasserfälle überwinden, aber auch den Angriff der spanischen Truppen über die Wasserfälle hinauf.

Über die Theateraufführung im Jahr 1960 schrieb der Dichter Georg Drodzdofski in der *Kleinen Zeitung* die Kritik zu unserer Aufführung und bemerkte: „Ulrich Henckel verstand es – bei seiner Jugend kaum fasslich –, Autorität und Würde zu verkörpern, wobei sich in seinen Dienst sicheres Sprechen gestellt fand." Da ich nicht frei von Eitelkeit bin, hat es mich damals gefreut und es freut mich noch heute. Dass ich den päpstlichen Legaten spielen durfte, war wohl wiederum eine Vorwegnahme meiner lebensprägenden Einstellung zum Papsttum.

In den Neunzigerjahren hatte ich immer wieder dienstlichen Kontakt zum Apostolischen Nuntius in Wien, zu Donato Squicciarini. Dieser war ein perfekter Diplomat im besten Sinn des Wortes. Gleichzeitig musste ich dabei jedoch immer an meine Rolle als päpstlicher Legat für die Situation der Jesuiten denken – und der hieß Lorenzo Querini!

Nachwort

Im Laufe meines nun schon langen Lebens habe ich nur wenige Schwierigkeiten gehabt. Die Krisen, die man mir aufgrund meiner späten Berufung immer wieder anzudichten versucht hat, gab es nicht und auch von tragischen Schicksalsschlägen bin ich weitgehend verschont geblieben. Da waren natürlich der Verlust meiner Eltern, die hoch in den Achtzigern gestorben sind, und der Tod meines Bruders, der im Jahr 2009 mit etwas über 70 Jahren einer Leukämie erlag. Vor allem Letzteres traf mich sehr und ich hätte mir gewünscht, mit ihm noch viel gemeinsame Zeit zu haben, um etwa unsere Familiengeschichte zu erforschen. Es kam jedoch anders.

Im Unterschied zu mir verlebte mein Bruder seine Kindheit noch in Schlesien, und zwar unter ganz anderen Umständen als ich. Er verbrachte die Sommer noch auf dem Schloss meines Vaters und die Winter in seiner feudalen Wohnung im schlesischen Industriegebiet. Er wurde von Kindermädchen umsorgt und sah seine Eltern mit Sicherheit nicht sehr oft, wie es unseren Kreisen eben entsprach. Er erlebte das Faktum des Heimatverlustes, zugleich den Zusammenbruch seiner bisherigen Welt, in der er geborgen war, ganz bewusst. Wenn er von seiner Kindheit sprach, nannte er sie unglücklich. Das war bei mir ganz anders. Mein Verhältnis zu unseren Eltern war stets ein sehr enges gewesen, die Vertreibung aus Schlesien empfand ich nicht als tragisch, weil ich wohl noch zu klein war, um das ganze Ausmaß der Tragödie zu begreifen.

Insofern verlief mein Leben fast von Anfang an sehr harmonisch. Es gab auch später keine größeren Frakturen, obwohl man mir das als Spätberufenem – oder Spätgefolgtem – ja immer wieder gerne zu unterstellen versuchte. Vielleicht bin ich das, was man als ein Glückskind bezeichnen würde. Der Himmel hat es in jedem Fall sehr gut mit mir gemeint.

„Alles, was sich im Lebenslauf gut liest, ist gut." Diesen Satz sagte einmal ein österreichischer Starmanager zu mir, als ich gerade am Sprung von Frankfurt nach Barcelona war. Seine Tragweite erstreckte sich für mich nicht nur auf mein Leben im kommerziellen Bereich, sondern weit darüber hinaus. Er lässt sich im Grunde auf mein ganzes Leben anwenden: auf meine weltliche Karriere als Spediteur nach einem erfolgreich abgeschlossenen Studium der Wirtschaftswissenschaften, auf meinen Eintritt ins Kloster, das Studium der Theologie, die Weihe zum Priester, auf meine Positionen in Stift Rein und bei der *Missio Österreich* und dann auf die Wahl zum Abt. All das liest sich im Lebenslauf hervorragend und ich bin unendlich dankbar dafür. Ich fühle mich vom lieben Gott reich beschenkt.

Es gibt jedoch einen Moment, an dem ich stets innehalte und sehr nachdenklich werde. Jedes Mal, wenn ich Beethovens Sonate *Les Adieux* höre, überfällt mich eine eigenartige Wehmut. In ihr ist für mich all das Schöne enthalten, das ich in meinem Leben *nicht* verwirklicht habe. Ich kann nicht mit einem tragischen Schicksal aufwarten, am Ende eines Lebens, und wenn es noch so erfüllt gewesen sein mag, beschleicht mich doch manchmal das Gefühl, dass ich nicht alle Dinge, die ich mir vorgenommen habe, zur Verwirklichung gebracht, nicht alles ausgekostet, gesehen und erlebt habe. Aber vielleicht muss man das ja auch nicht. Vielleicht ist die Melodie von Beethoven ganz einfach die Sehnsucht nach dem Himmel.

Anmerkungen

1 Vgl. Leo Ferdinand Henckel von Donnersmarck, *Die Familie Henckel von Donnersmarck im doppelten Spannungsfeld zwischen katholischem und evangelischem Glauben sowie zwischen Habsburg und Hohenzollern,* in: Claudia Fräss-Ehrfeld (Hg.), *Kärnten und Böhmen, Mähren und Schlesien,* Klagenfurt 2004, S. 139.

2 Ebd., S. 139f.

3 Zit. nach: Schwarzenbeck, Engelbert: *Wittelsbacher auf Europas Thronen,* Regensburg 2014, S. 140.

4 Joachim Bahlcke, *Geschichte Tschechiens: Vom Mittelalter bis zur Gegenwart,* München 2014, S. 51.

5 Vgl. ebd.

6 Vgl. ebd.

7 Vgl. ebd., S. 144.

8 Vgl. ebd.

9 Vgl. ebd.

10 Vgl. ebd., S. 145f.

11 Vgl. Leo Ferdinand Henckel von Donnersmarck, 2004, S. 147.

12 Ebd., S. 147.

13 Zur Kunst und Architektur der Zisterzienser vgl. Jens Rüffer, *Die Zisterzienser und ihre Klöster,* Darmstadt 2008; ferner Georges Duby, *Der heilige Bernhard und die Kunst der Zisterzienser,* Stuttgart 1981.

14 Vgl. dazu Alexander Bokun, *Die Baukunst der Zisterzienser,* Heidelberg 2011.

15 Zu Santa Maria de Poblet vgl. Jesús M Oliver, *Die Abtei von Poblet,* Barcelona 1991.

16 So oder so ähnlich habe ich es schon in einem meiner letzten Bücher formuliert. Vgl. dazu Abt Gregor Henckel Donnersmarck, *Ora @ Labora, Über Gott und die Welt und das Paradies auf Erden,* St. Pölten – Salzburg 2010.

17 Diese Episode und die folgende habe ich auch in meinem Buch *Anekdoten aus dem Klosterleben,* erschienen beim Residenzverlag im Jahr 2009, publiziert.

18 Augustinus, *Confessiones* 8,1.

19 Zur *Regel des Heiligen Benedikt* siehe unten, p. XXX und Anm. VII.

20 Zum heiligen Benedikt vgl. die Einleitung von *Die Regel des Heiligen Benedikt,* hg. im Auftrag der Salzburger Äbtekonferenz, Beuron 1990, S. 15f.

21 Zur *Regel des Heiligen Benedikt* vgl. die Einleitung von *Die Regel des Heiligen Benedikt,* hg. im Auftrag der Salzburger Äbtekonferenz, Beuron 1990, S. 14f.

22 Vgl. Bernhard von Clairvaux, *Opera omnia*, Romae: Editiones Cistercienses, hg. J. Leclercqe 1968, Bd. V., 192; zitiert bei Hans Bänziger, *Augenblick und Wiederholung. Literarische Aspekte eines Zeitproblems*, Würzburg 1998.

23 Vgl. dazu Bruno Stäblein, *Musik und Geschichte im Mittelalter*. Gesammelte Aufsätze. Göppingen 1984, S. 117–141.

24 Gregor Henckel von Donnersmarck, *Anekdoten aus dem Klosterleben*, Salzburg – St. Pölten 2009.

25 Vgl. dazu https://www.missio.at/unsere-5-aufgaben/

26 Otto von Freisings *Weltchronik* ist unter dem Namen *Chronica sive Historia de duabus civitatibus* im Jahr 1515 erstmals gedruckt erschienen, sie datiert aus den Jahren 1143–1146.

27 Das Zitat steht auf dem Glasgemälde der Otto-von-Freising-Kapelle in Gaaden, einer nahen Pfarre des Stiftes Heiligenkreuz.

28 *Carmina burana* XVI.

29 Die Schrift *De rota verae et falsae religionis* von Hugo de Folieto ist Teil des Codex 226 aus der Handschriftensammlung des Stiftes Heiligenkreuz.

30 Zur Hochschule vgl. http://www.hochschule-heiligenkreuz.at

31 Bruno Moser (Hg.): *Das Papsttum. Epochen und Gestalten*. München 1983.

32 Gregor Henckel von Donnersmarck, *Reich werden auf die gute Art, Vermögenstipps eines Geistlichen*, Wien 2014.

33 Die Lehman Brothers sind eine US-amerikanische Investmentbank, die im September 2008 Insolvenz anmelden musste.

Bildnachweis

Privatarchiv Abt Gregor Henckel Donnersmarck: Seite 49 – 56,
Seite 113, 114, 115, 117
Dieter Nagl, www.dieternagl.at, Seite 116 unten
Archiv Stift Heiligenkreuz, Seite 117 unten
Karl Schöndorfer /APA / Picturedesk.com, Seite 115 oben
Robert Jaeger /APA / Picturedesk.com, Seite 118, 119

Jakob

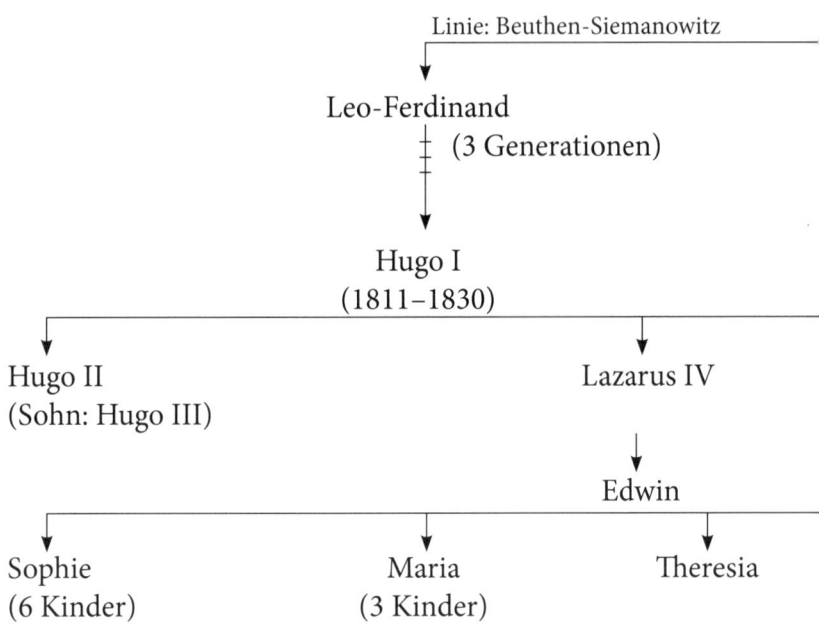

Linie: Beuthen-Siemanowitz

Leo-Ferdinand
(3 Generationen)

Hugo I
(1811–1830)

Hugo II
(Sohn: Hugo III)

Lazarus IV

Edwin

Sophie
(6 Kinder)

Maria
(3 Kinder)

Theresia